Littérature malaise

comprenant des contes romantiques, de la poésie épique et des chroniques royales

Chauncey C. Starkweather

Writat

Cette édition parue en 2023

ISBN : 9789359256900

Publié par
Writat
email : info@writat.com

INTRODUCTION SPÉCIALE

Le poème le plus charmant de la littérature malaise est sans aucun doute l'épopée de Bidasari. Il y a toute la fascination captivante d'un conte de fées. Nous sommes conduits dans l'atmosphère onirique d'un palais hanté et d'une belle plaisance : nous glissons dans les imaginations pittoresques du poète oriental, du charme de tout ce qui est langoureusement séduisant dans la nature jusqu'aux royaumes obscurs du surnaturel. À un moment donné, l'archer robuste ou le lancier souple et agile se présente devant nous en colonne pressée, et à un autre moment on nous parle de sentinelles mystiques d'un autre monde, de Djinns, de démons et de princes spirituels. Tout semble sombre, vague, mystérieux, envoûtant.

Il y a dans ce conte une richesse d'images, un luxe de pittoresque, ainsi que cette simplicité directe si séduisante chez le conteur. Non seulement notre attention est tellement captivée que nous semblons sous le charme, mais notre sympathie est invoquée et retenue. On grimace effectivement devant les coups cruels de la méchante reine. Et les larmes chaudes de Bidasari nous amènent à une vive pitié. Dans la justice poétique qui punit la reine et récompense l'héroïne, nous prenons un plaisir enfantin. En d'autres termes, le poète oriental est simple, sensuel, passionné, atteignant ainsi l'idéal d'excellence poétique de Milton. Nous espérons qu'aucun philosophe, philologue ou ethnologue ne persistera à démontrer le mythe du soleil ou toute autre allégorie de ce beau poème. C'est une histoire, un conte charmant, pour passer une heure de repos, et rien de plus. Tous les amoureux du simple, du beau, du pittoresque devraient dire à ces observateurs et botanistes érudits : « Ne touchez pas ! Qu'aucune théorie savante ne règne ici. Laissez ce beau conte aux artistes et aux amoureux de l'histoire pure et simple. Ne cherchez pas plus de moralité ici que dans une rose, un lys ou un palmier gracieux. La lumière, l'amour, la couleur, la beauté, la sympathie, la fascination engageante : tout cela peut être trouvé aussi bien par le philosophe que par la jeunesse séduisante. L'histoire n'est pas plus immorale qu'une goutte de rosée ou une fleur de lotus ; et quant à l'intérêt, au pays de l'improvisateur et du conteur, on est obligé d'être intéressant. Car là, soit le public est envoûté, soit il s'efface rapidement et laisse le poète se rendre compte qu'il doit tenter de meilleures choses.

Nous pensons que ces contes populaires ont certes une origine commune, mais qu'elle se trouve dans le cœur humain. Nous ne cherchons pas un Sigurd ou un Siegfried à chaque page. Imaginez une nation née d'un couple ignorant sur une île entourée de mer, en quelques générations ils auraient développé leur Belle au Bois Dormant et leur Prince Charmant, leurs châteaux enchantés, leurs Djinns et leurs fées. Ces éléments sont aussi inhérents au cœur humain que le chant du berceau ou le cri de guerre. Nous ne nous trouvons pas du côté de ceux qui voudraient tout faire remonter à un premier exemplaire. Les enfants ont joué, et les hommes ont aimé, et les poètes ont chanté depuis le début, et nous n'avons pas besoin de courir vers l'Asie pour chercher la source de tout. La nature humaine universelle possède une certaine spontanéité.

Le traducteur a essayé de reproduire la fidélité et, dans une certaine mesure, d'indiquer les phrases gracieuses du poème original. L'auteur de Bidasari est inconnu et la date du poème est la plus grande incertitude. Certains lui ont attribué une origine javanaise, mais sur de très légères preuves. Les meilleures autorités placent sa scène dans le pays de Palembang, et son époque postérieure à l'arrivée des Européens dans l'archipel indien, mais suggèrent que la légende doit être beaucoup plus ancienne que le poème.

Le "Makota Radja-Radja" est l'un des livres les plus remarquables de la littérature orientale. D'après M. Aristide Marre, qui l'a traduit en français, sa date est de 1603. Son auteur était Bokhari, et il vivait à Djohore. Il contient des extraits de plus de cinquante auteurs arabes et persans. Il traite des devoirs de l'homme envers Dieu, envers lui-même et envers la société, ainsi que des obligations des souverains, sujets, ministres et officiers. Des exemples sont tirés de la vie des rois d'Asie. L'auteur n'a pas une mauvaise opinion de son ouvrage, affirmant distinctement qu'il s'agit d'un guide complet du bonheur dans ce monde et dans l'autre. Il est particulièrement copieux dans ses avertissements aux copistes et aux traducteurs, les mettant en garde contre la moindre négligence ou inexactitude, et leur promettant pour leur fidélité un passeport pour les gloires du ciel. Cela montre que l'auteur a au moins pris son travail au sérieux. Le fait qu'il n'y ait aucune trace d'humour dans le livre le recommanderait sans aucun doute aux Orientaux dignes et léthargiques pour lesquels il a été écrit. Bokhari semblait se considérer à la fois prophète, prêtre et poète lauréat. L'ouvrage occupe une place importante dans la péninsule malaise, où il est lu par petits et grands. La « Couronne des Rois » est écrite dans la langue de la cour de Djohéré. L'auteur était un moine mendiant musulman. Il a appelé le livre la Couronne des Rois parce que « tout roi qui lirait et suivrait ses préceptes serait un roi parfait, et ainsi seulement sa couronne reposerait bien sur sa tête, et le livre lui-même serait pour lui une véritable couronne ».

La Fontaine et Lamartine aimaient les histoires. Les camarades de classe de ce dernier le qualifiaient d'"amateur d'histoires". Ils auraient adoré l'histoire de la princesse Djouher Manikam, écrite dans un style simple et naturel et célébrée en Orient ou, comme disent les Malais, dans le « pays entre le vent et le vent ».

Du « Sedjaret Malayou », si inutile qu'il soit en tant qu'histoire, on peut obtenir des éclairages secondaires sur la vie orientale. Les mœurs sont représentées avec des couleurs vives, afin que l'on puisse en avoir une connaissance très précise. Les coutumes sont représentées à partir desquelles on peut apprendre la formalité et le respect des précédents qui sont un trait évident du caractère oriental. L'étiquette rigide de la cour et de la maison peut être remarquée. Du point de vue de la morale décrit ici, on peut apprécier à quel point nous avons progressé dans la culture éthique par rapport à celle qui prévalait autrefois parmi les enfants de ces terres sans hiver.

Les lecteurs de cette série doivent être félicités de se trouver ici en possession d'une source unique et inestimable d'informations sur la vie et la littérature des peuples lointains de l'archipel indien. Ces pages suscitent un intérêt supplémentaire du fait que les Philippines sont désormais protégées par notre drapeau.

Le nom malais signifie un vagabond. En tant que peuple, ils sont passionnés, vaniteux, susceptibles et dotés d'un courage téméraire et d'un mépris de la mort. Les Malais ont une originalité considérable dans la versification. Le pantoum leur appartient particulièrement, une forme née de leurs habitudes d'improvisation et de versification compétitive. Ils ont aussi l'épopée ou *sjair* , généralement une pure romance, avec beaucoup de simplicité naïve et de sentiment naturel. Et enfin, ils ont la chanson populaire, l'énigme et la fable.

ainsi le lecteur à son agréable voyage au pays des Djinns et des Mantris, des sortilèges et des talismans mystiques . Il sera diverti par la chrestomathie de Bokhari ; il sera fasciné par l'histoire du séduisant et délicat Bidasari.

BIDASARI

CHANSON I

Écoutez maintenant la chanson que je chante sur un roi
de Kembajat. Un fakir a achevé L'histoire, pour en faire un poème. Il y avait
un roi, un sultan, et il était beau, sage et parfait à tous égards, fier
descendant d'une race de rois puissants. Il remplit le pays de marchands
apportant des richesses et de voyageurs. Et d'après le rapport de ce jour-là,
c'était un prince très vaillant et fort, qui n'avait jamais rencontré d'obstacles
frustrants. Mais le lendemain est toujours inconnu. Après que le sultan, tout
homme accompli, s'était marié depuis un an, ou un peu plus, il comprit que
très bientôt il aurait un héritier. À cela, son cœur se réjouit, et il était
heureux Comme si une mine de diamants lui appartenait. Certains jours, la
joie continuait sans nuages. Mais bientôt vint le moment où le prince
connut la force dévastatrice du chagrin et dut céder la capitale de son pays.
Un oiseau sauvage, appelé Garouda, un oiseau très effrayant, s'envolait dans
les airs et ravageait toute la terre. Il volait avec les ailes et les serres
largement déployées, avec des cris à terrifier le cœur le plus vaillant. Tous
les peuples, grands et petits, étaient saisis d'effroi, Et tout le pays était
craintif et opprimé, Et les gens couraient tantôt par ici, tantôt par là. Les
gens s'approchèrent du roi. Il entendit le bruit d'une bagarre et, en colère,
demanda au garde : « D'où vient ce bruit ? Aussitôt qu'il dit cela, un de ses
gardes du corps répondit avec crainte : "Illustre seigneur, le plus
miséricordieux des rois, Un fichu garouda nous suit partout." Le visage du
roi pâlit lorsque ces terribles paroles furent entendues. Les policiers se sont
levés et se sont frappés la poitrine. Le chagrin du roi était encore plus grand
parce que la reine était malade. Il lui prit la main et commença sans
nourriture ni rien.
Il a tout confié à Dieu, qui veille
à la sécurité du monde. La reine souffrante ne dit pas un mot et marchait en
larmes. Ils parcoururent *des campongs lointains* et des champs mornes
Sous un soleil brûlant qui accablait leurs forces. Et ainsi le beau visage de la
charmante reine,
du jaune le plus pâle, devint tout à fait noir. Le prince S'approcha du désert
le corps déchiré Par les épines et les ronces. Tous ses soucis et son chagrin
furent redoublés lorsqu'il vit sa charmante épouse qui pouvait à peine se
traîner et qu'il devait conduire. Il était le plus désolé, pensant au triste sort
de la bonne reine. En chemin, il lui a tout abandonné. Ils voyageèrent deux
mois et un jour ils arrivèrent au *campong* d'un marchand, où
ils cherchèrent du repos parce que la reine était faible. Le chemin était
accidenté et le chemin dur. Le prince s'arrêta devant les palissades, car Dieu

l'avait fait s'arrêter et se reposer un moment. Le sultan dit : « Qu'est-ce que c'est que ce *campong* ici ?
J'aimerais bien y entrer, mais je n'ose pas. La bonne Reine pleura et dit : " Ô ma bien-aimée, que dirai-je ? Je suis si fatiguée et si faible que je ne peux plus voyager. " Le roi était complètement hors de lui et s'est évanoui là où il était assis. Mais ils continuèrent leur voyage jusqu'au bord de la rivière, s'arrêtant à chaque pas.

Et quand le roi
eut atteint la rive, il aperçut un petit bateau avec un toit de bambous courbés et un écran *de kadjang* .
Puis à la reine : "Repose-toi ici, ma précieuse." La lune d'argent était pleine, mais voilée de nuages, comme une jeune fille qui cache son visage et regarde timidement son amant. Alors naît une fille, comme une fleur, Plus belle qu'une statue d'or pur, Tout comme les tulipes que la princesse a cueillies. Le cœur de la mère se brisa à l'idée qu'elle devait quitter le bébé, l'enfant bien-aimé qu'ils adoraient tous deux, tant il présageait de beauté. Le roi s'écria en larmes : « Comment pouvons-nous emmener l'enfant avec nous sur ce chemin pierreux
, assailli d'épines et brûlé par une chaleur épouvantable ?
Perle de mon palais », dit-il à la reine, « ne pleure pas si amèrement à propos du enfant. Faisons-en une offrande à Dieu. Que Dieu veuille qu'elle soit trouvée par des cœurs aimants qui prendront soin d'elle et l'élèveront dans leur maison. Dès qu'ils furent tout à fait décidés à quitter la petite princesse, leur grand chagrin ne connut aucune limite. Mais avant qu'ils ne partent, le roi prit l'enfant dans ses bras et la berça sur ses genoux jusqu'à ce qu'elle s'endorme. "Dors, mon amour, mon âme, ma petite, Ne pleure pas sur le sort de ta chère mère. Elle voudrait t'emmener avec elle, mais le chemin est dur. Dors, chère enfant, la prunelle de mes yeux, L'image de ton père. Reste ici, ne crains rien. Car c'est à Dieu que nous te confions, Seigneur de tous. Dors, mon enfant, joyau principal de ma couronne, et laisse partir ton père. Te regarder me transperce le cœur comme par un coup de poignard. Ah, douce mon enfant, chère et tendre petite, ton père t'aime et te quitte. Heureux sois-tu, et qu'aucun mal ne t'approche. La petite princesse dormait, bercée par sa voix. Il la mit à genoux et la plaça sur un tissu d'Ind finement tissé, et la couvrit de satin palmé d'or. Avec des larmes coulantes La mère l'enveloppa dans un tissu fin Orné de bijoux comme des fleurs sculptées. Elle saisit l'enfant et murmura tout bas : " Ô très chère enfant, ma jolie petite fille ! Je te laisse au Maître du monde. Vis heureuse, bien que ta mère s'en aille Et te laisse ici. Ah, triste sort de ta mère ! Ton père la force à te quitter maintenant. Elle préférerait rester avec toi, mais non ! Ton père lui ordonne de partir. Et c'est pourquoi le cœur affectueux de ta mère se brise, elle t'aime tant, et pourtant doit te quitter. Oh, comment peut-elle Je vis?" La mère s'évanouit et le roi en deuil voulut se suicider, tant il fut ému. Il prit

la tête de la Reine sur ses genoux. Et bientôt, par le décret de Dieu et la grâce toujours protectrice,
elle reprit ses esprits et se redressa.
Elle pleura encore en regardant l'enfant. "Si je ne te voyais plus, âme douce, Oh, que ta mère partage ton sort ! Sa vie est liée à la tienne. La lumière a disparu des yeux de ta mère. L'espoir meurt dans son cœur Parce qu'elle craint de ne plus jamais te voir. ... Oh, qu'un cœur charitable, mon enfant, te découvre ! Le prince essaya de sécher ses larmes. "Maintenant, va-t'en, mon très cher amour. Bientôt le jour se lèvera." Le prince, affligé, partit, mais il se retourna et voulut repartir. Ils marchaient ensemble, homme et femme, tous solitaires, sans amis à portée de main, épuisés et troublés, et la lune brillait brillamment.

CHANSON II

Je chante dans cette chanson d'un grand marchand
Et de sa richesse. Ses biens et ses trésors étaient au-delà de tout compte, son bonheur sans alliage. Dans la ville d'Indrapura, il n'y avait pas d'égal à sa fortune. Il possédait mille esclaves, vieux et jeunes, venus de Java et d'autres pays. Son rang était supérieur à celui de Pangawa. Il avait des épouses en grand nombre. Mais il lui manquait une chose qui lui pesait sur le cœur : il n'avait pas d'enfant. Or, par la volonté de Dieu, le grand marchand sortit très tôt des portes du palais et chercha la rive du fleuve, accompagné de son épouse préférée. Lila Djouhara était le nom du marchand. Il entendit une voix faible Comme celle d'un enfant qui pleurait, comme les sons aigus d'une flûte, et d'un bateau elle semblait venir. Puis il se dirigea vers le bateau merveilleux et vit un enfant avec un joli visage. Son cœur était ravi comme s'il avait trouvé une mine de diamants. Les époux dirent : "À qui est cet enfant ? Il doit sûrement appartenir à l'un des plus hauts rangs. Il a dû la laisser ici pour une raison quelconque." Le cœur du marchand était heureux De voir les yeux brillants du petit. Il la souleva dans ses bras et la ramena chez lui.
Quatre servantes et deux infirmières, il en donna
à la jolie enfant. Les pièces du palais furent toutes à nouveau décorées, avec des tapis et des rideaux doux, et des tapisseries de teinte orange furent suspendues. La princesse se reposait sur un canapé incrusté d'or, Un canapé splendide, avec des lanternes doucement brillantes Et des cierges brûlant d'un doux rayon. Le marchand et sa femme adoraient de tout leur cœur l'enfant, comme si c'était le leur. Elle ressemblait à Mindoudari et reçut le nom de Bidasari. Puis ils prirent un petit poisson et des esprits vitaux changeants. Ils le mirent dans une boîte dorée, puis placèrent la boîte dans un cercueil riche et rare. Le marchand fit un jardin, avec toutes sortes de vases remplis de fleurs, et des berceaux de vignes vertes et palissées. Un petit étang a fait plaisir aux yeux, avec les pierres précieuses et les topazes

serties alternativement, à la mode du pays de Pellanggam, un charme pour tous. Le sable Était de l'or le plus pur, avec de l'albâtre fin Le tout mêlé de perles rouges et de saphirs bleus. Et dans l'eau profonde et claire ils gardèrent le cercueil. Depuis qu'ils ont trouvé l'enfant, Sweet Bidasari, toute la maison était remplie de joie. Le marchand et sa femme ne faisaient rien d'autre que se régaler, battre des mains et danser. Ils surveillaient l'enfant nuit et jour. Ils lui donnèrent des vêtements d'or, avec des colliers et des pierres précieuses, avec des anneaux et des ceintures, et aussi des boîtes pittoresques, de parfums rares, et des épingles en forme de croissant et des fleurs d'or pour se nicher dans les cheveux, et des chaussures brodées à la manière de Sourat. Jour et nuit, le marchand la gardait. Ainsi, tandis que la douce Bidasari grandissait, son joli visage augmentait en beauté. Sa peau douce était blanche et jaune, et elle était des plus belles. Ses boucles d'oreilles et ses bracelets lui donnaient l'air d'une pierre rare emprisonnée dans un verre. Sa beauté n'avait pas d'égale, et son visage était comme celui d'une nymphe céleste. Elle avait des robes autant qu'elle le voulait, autant qu'une princesse de Java. Il n'y avait pas
un deuxième Bidasari dans le pays.

Je vais maintenant parler de Djouhan Mengindra,
sultan d'Indrapura. Son royaume très étendu, avec ses ministres d'État, ses officiers et ses régiments de jeunes guerriers d'élite, était le rempart du trône. Ce prince le plus illustre n'avait été que depuis deux ans l'époux de la belle Lila Sari, princesse aimable et bonne. Le roi était considéré comme le plus beau. Et il n'y avait personne dans tout Indrapura pour l'égaler. Son éducation était ce qu'elle devait être, sa conversation très affable. Il aimait bien la princesse Lila Sari. Il lui a tout donné, et elle, à son tour, était bonne avec lui, mais pourtant elle était si vaniteuse. "Il n'y a personne d'aussi beau que moi", a-t-elle déclaré. Ils étaient unis comme l'âme et le corps. Et le bon roi pensa qu'il ne pouvait y en avoir une autre comme sa femme. Un jour, ils étaient ensemble, et la reine se mit à chanter : "Oh, viens, ma bien-aimée, et écoute mes paroles. Tu me dis souvent que tu m'aimes. Mais je ne connais pas ton cœur. Si quelque malheur devait s'abattre
Me serais-tu fidèle ? » Il sourit et dit : "Aucun mal ne peut t'atteindre, ma chère. Mais si cela arrive, chaque fois que tu seras submergé, je périrai aussi." Avec joie, la princesse dit : « Mon noble prince, si l'on trouvait une femme dont le visage fleuri serait plus beau que tous les autres au monde, dis, l'épouserais-tu ? Et le Roi répondit : "Mon amie, ma plus belle, qui te ressemble ? Mon âme, ma princesse, d'une race noble, Tu es douce et sage et bonne et belle. Tu es soudée à mon cœur. Aucune pensée le mien est séparé de toi.

La princesse sourit ;
Son visage était tout transfiguré de sa joie. Mais soudain, la pensée lui vint à

l'esprit : « Qui sait qu'il n'y a personne de plus juste que moi ?
Et puis elle s'écria : « Maintenant, écoute-moi, ô mon amour !
S'il y avait une femme avec un visage d'ange, en feraient-ils ta femme ? Si
elle apparaissait à tes yeux plus belle que moi, alors ton cœur ne brûlerait-il
pas pour elle. ?"

Le prince
sourit et ne répondit pas. Elle sourit aussi, mais dit : " Puisque tu hésites, je
sais que tu l'épouserais sûrement. " Alors le prince Répondit : " Ô mon
cœur, or de mon âme, Si elle te ressemblait par sa forme et sa naissance, je
la joindrais à ton destin. " Maintenant, quand la princesse entendit ces mots,
elle pâlit et trembla. Les yeux baissés, elle quitta son royal époux. Mais vite
il la saisit. Avec un sourire, il dit : "Or, rubis, très cher ami, je te prie
maintenant, Oh, ne sois pas en colère contre moi. Lumière de mes yeux, Ne
garde pas dans ton cœur une amertume Parce que j'ai répondu ainsi à tes
paroles." Il la prit dans ses bras, l'embrassa sur les lèvres et la courtisa. Et
son visage redevint doux tandis qu'elle entendait. Et pourtant son cœur de
femme Était affligé et attristé. Et elle s'assit à l'écart, et ces pensées lui
vinrent rapidement à l'esprit inquiet : « Demain, je chercherai dans tout ce
royaume, de peur qu'il n'y ait dans le pays une jeune fille plus belle que moi.
Je la condamnerai directement à mort
, de peur qu'elle ne soit pour moi une rivale. Car si mon seigneur l'épousait,
il l'aimerait plus que moi. Il aimerait la plus jeune, et constamment mon
cœur torturé saignerait. Ces pensées la mettaient en colère, comme si son
cœur était rempli de fiel. "Maintenant, puissé-je être maudit si je ne vais pas
jusqu'au bout dans l'amour." Son cœur n'était pas apaisé ; elle soupira seule.
Le lendemain matin, le roi sortit, accompagné de nombreux officiers et
soldats. Pendant ce temps, la princesse Lila Sari envoya une convocation à
un bijoutier de talent, et en même temps lui appela quatre *dyangs* ,
qui vinrent s'asseoir. Dang Wilapat s'inclina et dit : "Nos salutations, grande
princesse." La reine répondit : « Sortez, *dyangs* , immédiatement
et trouvez-moi de l'or et de la poussière d'or, et apportez
tout cela à un orfèvre. Qu'il me fasse un éventail, tout orné de belles pierres
précieuses, de rubis rouges et de perles ; et après cela, une ceinture virginale.
Ne comptez pas le prix. Je veux tout cela aussi vite que possible. Alors ils se
hâtèrent, prirent l'or, et sortirent de la ville, parcourant tout le *camp*
des orfèvres, cherchant là les meilleurs pour fabriquer l'éventail et la
ceinture. Et l'or martelé brillait bientôt de nombreuses améthystes et pierres
précieuses. C'était une merveille de voir ces ornements rares et bizarrement
façonnés pour parer une sultane. Ils avaient une valeur inestimable. Quatre
jours et tout était prêt pour la Reine. Mais elle n'avait jamais mangé pendant
tout ce temps, à cause du chagrin. Elle pensait que l'éventail était plus beau
que celui que la princesse Java n'avait jamais possédé. Elle appela les quatre
dyangs et leur dit :

« J'ai maintenant une mission secrète pour vous. Parcourez les officiers et montrez cet éventail à vendre, mais ne nommez jamais le prix. Cherchez toujours s'il y a un visage plus beau que le mien ; et si vous trouvez un visage plus beau , venez me le dire directement.

Si vous obéissez à ma volonté, je vous nommerai toutes inspectrices dans la maison royale. " Alors les femmes se mirent en quête. Et d'abord parmi leurs amis, ils allèrent avec des paroles mystérieuses et des allusions aux choses merveilleuses qu'ils avaient à vendre. C'est ainsi que ces serviteurs rapportèrent

l'histoire à leurs maîtres : « Les *dyangs*

ont quelque chose de merveilleux à vendre. » Et bientôt les filles des maisons riches commencèrent à réclamer à grands cris ce grand prix. Ensuite, les *dyangs* sont tous allés dans les maisons.

Les jeunes filles dirent : « Oh, dites-nous maintenant le prix. » Dyang Wiravan répondit rapidement, puis Dyang Podagah : "C'est une chose princière ; je vais aller demander le prix et te le dire." Et ainsi ils parlèrent, et ainsi ils regardèrent autour d'eux Pour trouver un visage plus beau et plus rare Que celui de leur propre Reine, et ils se lassèrent de la recherche. "Où pouvons-nous chercher plus loin ?" » dirent-ils, puis

ils pensèrent aux étrangers et aux prêtres. Mais dans ce quartier, personne n'osait toucher aux objets précieux, mais trouvait étrange que la reine veuille les vendre. Ils se rendirent ensuite au *campong*

des marchands . Une double ligne

de remparts la gardait. "Il y a ici plus d'agitation et de gaieté", disaient-ils, "avec le sport et le chant, que nous n'en avons trouvé ailleurs." Et c'est ainsi qu'ils recherchèrent

les marchands les plus riches. "Nous avons quelque chose de rare", disaient-ils, "réalisé par un artiste javanais". Lorsque les serviteurs de Bidasari virent ces gens, ils dirent : « Apportez ces choses chez nous et nous les montrerons à notre maître. Il les achètera. » Alors les *dyangs* répondirent en souriant : "Ils

ne sont pas à nous, mais à notre bonne Reine. Et nous seuls pouvons leur montrer, de peur qu'une pierre ne soit perdue, par hasard, et que nous soyons punis." Les servantes de Bidasari furent ravies et dirent : "Attendez un instant ici jusqu'à ce que nous trouvions ce que veut Bidasari." Ils la trouvèrent avec ses servantes et racontèrent l'histoire. Alors Bidasari leur ordonna de lui amener les étrangers et dit : « Si je suis content, j'achèterai. » Dang Ratna Watie est allé dire aux femmes que le jeune Bidasari souhaitait voir leurs marchandises. Les quatre *dyangs* sont arrivés

Ensemble. La joie était omniprésente sur leurs visages, Mais ils semblaient timides, modestes, pleins de peur. Alors les femmes de Bidasari leur dirent : « Venez, ô jeunes femmes, toutes ici sont loyales. Entrez, nos sœurs et nos amies.

Maintenant, quand
les *dyangs de la Reine* eurent regardé autour d'eux,
ils furent tous éblouis, le visage de Bidasari Si beau apparut. Comme leur
cœur battait ! Tandis qu'ils regardaient ses beaux traits, chacun murmurait :
« Elle est plus belle
que notre grande reine. »

Alors Bidasari souhaita
acheter l'éventail et envoya une servante demander l'or à ses parents. Le
marchand dit : « Va voir de quoi il s'agit et pèse l'or
pour elle. » La mère craignait un piège ou une ruse.
"Oh, n'achète pas l'éventail, mon enfant", dit-elle ; "Je vais t'en acheter un
plus beau. Renvoie-le." Mais quand son père vit ses larmes de déception,
"C'est à toi", dit-il. "Quel est le prix ? Je l'achèterais même si cela coûte ton
poids en or, ma chérie. Dis-le-moi maintenant, *Dyangs* ." Tjendra Melinee
lui a répondu :
"Est-ce que deux timbangs, c'est trop ?" "Je suis très pauvre", dit-il; "mais je
l'achèterai pour l'enfant." L'or a été pesé. Les quatre *dyangs partirent* aussitôt
, se précipitèrent vers la reine et dirent : « Nous avons enfin découvert, ô
notre reine, ce que tu cherchais. C'est dans un *campong proche*
de marchands très riches et très grands. Oh, là, nous avons trouvé une
princesse plus belle. que le jour ; Plus semblable à un ange qu'à une servante
mortelle. Aucune femme dans ce pays ne se compare à elle. Son nom est
Bidasari. Et le roi l'épouserait sûrement s'ils se rencontraient, Car bientôt
elle sera prête pour un époux ; Son l'innocence est charmante. Comme un
nuage Le marchand et sa femme veillent. Ses cheveux sont bouclés, comme
une fleur épanouie. Son front est comme la lune mais âgé d'un jour. Elle est
comme une bague en Peylou faite. Elle éclipserait ton beauté, devrais-tu
l'amener ici. La princesse entendit et dit rapidement : "Je sens ma haine
monter. Oh, puissé-je ne jamais voir son visage ! Vous entendre parler d'elle
enflamme mon cœur de colère. Dis, pourquoi pensez-vous qu'elle est plus
belle que moi ? " Puis répondirent
les femmes : " Les yeux de Bidasari sont doux. Son sourire est doux, sa
peau est teintée comme le *tjempakka vert* , et sa forme gracieuse
ressemble à une statue célèbre noblement faite. Ses joues sont comme le
bec d'un oiseau volant. Nous aimions regarde son cou. Son nez est comme
un bouton de jasmin. Son joli visage est comme le jaune d'un œuf. Ses
pensées sont pures comme du cristal. Et elle porte ses cheveux d'une
manière si charmante. Ses lèvres sont comme une petite boîte polie. " Les
fleurs qu'elle porte
Mais la rendent plus jolie. Ses dents
Sont comme une grenade brillante. Ah, le cœur s'ouvre quand on regarde
son visage. Elle est comme une princesse du Mont Lidang. Ses traits sont
comme ceux de Nilagendi, Ses talons sont comme des œufs de poule et la

font ressembler à une princesse du Siam. Ses doigts sont plus effilés que les piquants du porc-épic.
Et l'ongle de sa main gauche est solide. Aucune fille de noble n'est l'égale de Bidasari. Or, lorsque la princesse les entendit chanter ses louanges, son âme fut blessée comme par une épine. Ses yeux sombres brillèrent. "Ah, ne parlez plus d'elle", dit-elle, "ni ne dites à l'étranger ce que vous avez vu. Mais amenez-moi Bidasari. Je verrais si ce que vous dites est vrai."

"Alors nous devons d'abord accepter
ses cadeaux, et nous efforcer de gagner par eux son amitié et d'atteindre enfin notre but." Ils allaient la voir tous les jours et lui apportaient de riches cadeaux.

Le marchand et sa femme remarquèrent
les visites des *dyangs de la reine* et combien
ils aimaient leur fille. C'est pourquoi ils leur ont donné tout ce qu'ils désiraient. Mais les *dyangs*
répétaient entre eux : "Comment pouvons-nous l'emmener ? Nous l'aimons tant, et au plus profond de nos cœurs nous la plaignons. Et maintenant ses parents ont une telle confiance en nous et nous chargent de cadeaux. Mais quand, hélas, à la maison La princesse nous interroge, que dirons-nous ? Car c'est une Reine puissante. Pourtant si nous rendons malheureuse cette chère fille de ces braves gens, Ne pécherons-nous pas ? Et pourtant la princesse est Si violente et si dure ! Sa jalousie Il ne connaîtrait aucune limite si le roi entendait parler de cette affaire. »

Dang Djoudah répondit :
"Nous pouvons tous aller vers elle et la calmer. Un mot suffit souvent. Elle est notre reine, mais au roi appartient le pouvoir suprême. Si Bidasari dédaigne le trône, nous renoncerons à nos fonctions à la
cour,
car ce que désire la Reine est le plus injuste. Et si nous nous montrons infidèles , nous serons
submergés de malédictions. Ainsi parlèrent-ils Et retournèrent-ils au
campong
animé des marchands. Ici, ils pensèrent aller trouver Djouhara et obtenir ce qu'ils désiraient. Un messager les poursuivit et leur dit : « À Dang Bidouri : Viens tout de suite ; mon amie La princesse t'appelle. Puis les *dyangs*
sont allés voir la reine et l'ont trouvée avec le roi au dîner. D'un clin d'oeil malicieux Elle leur fit comprendre qu'il ne fallait pas parler Devant le prince. Après avoir dîné, il prit
du *siri* dans la boîte à bétel, lui-même
oint d'un parfum sucré, et alla apprendre aux jeunes gens à monter et à tirer la flèche droite, et joua à de nombreux jeux. Pendant ce temps, la princesse Lila Sari appelait devant elle les *dyangs* et les interrogeait :

« Pourquoi êtes-vous venus si tard ? Bidouri s'inclina et dit : "C'était très difficile de l'amener ici. Le marchand et sa femme ne la quittent pas un instant, car ils l'aiment tant. Ses femmes fatigantes sont toujours là. Tu devrais la demander à ses parents. , si tu désires la voir. Traitez-la comme votre enfant, car elle est encore si jeune ! Du père de Bidasari tu obtiendras tout ce que tu peux désirer, il est si riche, si seulement tu aimes sa fille chérie. Et Est-ce que tu donnes l'ordre de l'amener ici ? Allons tout seuls et convoquons-la car Bidasari nous suivra librement. Ils tentèrent de calmer la colère de la Reine. Elle baissait la tête en silence, mais son âme était très lourde, et l'hypocrisie rivalisait avec la haine et l'envie dans son cœur. "Ils aiment l'enfant, ces *dyangs* ", se
dit-elle, "et je n'aurai pas la tâche facile. Je l'attirerai ici par ruse, mais elle ne sera jamais ma compagne. Avec Bidasari, une fois en mon pouvoir, mon cœur
sera plus sur le chevalet.
Allez maintenant, *dyangs* , " dit-elle, " et cherchez pour moi
le marchand et sa femme et amenez ici le jeune Bidasari, que j'élèverai au rang de princesse, car je n'ai pas d'enfant. Mazendra prends avec vous. Et quand le jeune Bidasari arrivera, cachez-la pendant un jour ou deux. Et parlez doucement au marchand et à sa femme, et dites que des concessions seront accordées aux prêtres et aux étrangers dans leur quartier, si elle venait. Consolez Lila Djouhara. ainsi, et promets qu'il puisse venir voir son enfant chaque fois que son cœur l'y poussera. Une escorte les accompagnait, et les *dyangs* s'inclinèrent profondément devant
le marchand et sa femme, et saluèrent également la belle Bidasari. Mais le marchand dit : « Pourquoi venez-vous ici en si grand nombre ? Alors ils répondirent directement : « Notre reine bien-aimée nous a envoyés ici pour te saluer, le maître de la maison. Si tu le permets, nous sommes venus chercher ici la belle Bidasari. Ils se frappèrent la poitrine, le commerçant et sa femme. "Notre chérie, enfant unique ! Il lui sera difficile d'être la servante d'un prince ; car elle a fait ce qu'elle veut depuis si longtemps ! Ses traits ne sont pas encore formés. Retournez, dyangs, et priez la Reine de *nous* pardonner
. Dites à quel point nous sommes en deuil. Mais les *dyangs* répétaient tous les mots

» Dit par la reine, et ainsi leurs craintes furent apaisées.
Ils espéraient que la reine Lila Sari aimerait bien Fair Bidasari. Alors le marchand dit : « J'obéirai et laisserai partir ma chérie, afin qu'elle devienne pour la reine une servante et peut-être une fille aimée. Maintenant elle partira avec vous. Seulement je supplie la reine de la laisser revenir. elle est rentrée chez nous au bout de trois jours. Elle n'a pas l'habitude de rester chez des étrangers. Jamais elle ne nous a quittés un seul jour. Alors Dang Bidouri dit : « Nous ferons de notre mieux devant la Reine ; et pourquoi ne

devrait-elle pas accorder cela à Bidasari ? Ils baignèrent la belle Bidasari avec de doux parfums,
puis la revêtirent de riches vêtements neufs.
Elle portait
un beau *sijrash avec des fleurs brodées* de Pekan et une robe de satin bordée d'or. Elle portait une plaque d'or battu. Liée à un collier, ciselé, orné de pierres précieuses ; Sa sur-tunique était en soie jaune, avec de minuscules serpents gravés sur les boutons. La jeune fille portait trois bracelets, des bagues très rares, et des boucles d'oreilles comme une roue en mouvement. De chastes liens d'or exposent sa beauté rare, Une belle fleur dans un vase, dont le doux parfum embaume les souffles parfumés à perte de vue. Ils l'embrassèrent alors avec des larmes et la serraient contre eux

Sur leurs seins. "Soyez humble envers la reine",
dirent-ils, "rappelez-vous que vous êtes devant le roi et près du trône. Demandez la permission de venir nous voir quand vous le désirez. Parlez doucement, d'une voix basse et douce."

        C'est ce qu'ils ont ordonné.
Et puis le marchand dit : « *Dyangs* , si vous
aimez Bidasari, veillez à ne pas la contrarier. » Ils essuyèrent leurs larmes et dirent : « Ne crains rien. Confie ta fille à notre chère maîtresse. « Mon enfant, dit-il, je viendrai souvent te voir. Tu seras mieux là-bas, mon amour, qu'ici. Mais Bidasari pleurait et criait : « Oh, viens, chère mère, avec moi ! Ne le veux-tu pas, hélas ? Mais les parents affectueux furent alors stupéfaits d'apprendre qu'on n'avait pas demandé à la mère de venir. Elle est restée avec des larmes pendant que le père partait. Jusqu'aux portes de la ville. Avec des larmes, il dit : « Adieu, ô prunelle de mes yeux, je te laisse ici. Ne crains rien, mon enfant le plus cher. Alors Bidasari a pleuré. Son cœur était serré. Elle est allé. Le marchand le suivit des yeux. Elle entra par une porte cachée. *Les Dyangs*
et *les Mandars* affluaient pour la voir, mais elle baissait
la tête et gardait les yeux baissés.

Le soleil
annonçait le soir, et le roi était toujours entouré de ses officiers. C'est alors que Fair Bidasari arriva au palais
et se tint devant la reine. Tous les *dyangs*
étaient assis par terre, avec les domestiques de la maison. Comme les *pengawas* , Bidasari s'inclina :
« Au milieu des *dyangs* , en présence de la reine.
Ils lui remirent tous les cadeaux du marchand, en signe d'hommage. La beauté de la reine At Bidasari était toute étonnée. Elle paraissait presque divine. Bidouri parla et dit : « Tu vois Bidasari, ô notre Reine, fille de Lila Djouhari. A ces mots, la reine fut stupéfaite et pensa : « En vérité, c'est

comme on disait. Elle est plus belle que la plus belle œuvre d'art. Bidouri a raconté tout ce que le commerçant et sa femme avaient dit. La reine inclina la tête et le silence resta, mais de mauvaises pensées surgissaient dans son cerveau. Un combat faisait rage dans son cœur. Elle craignait que le roi ne voie la jeune fille. "Renvoyez", dit-elle, "les infirmières et les femmes toutes". Fair Bidasari a pleuré quand ils se sont retirés. La princesse l'appela à ses côtés et lui dit :

"Tu ne dois pas pleurer ainsi, Bidasari. Ils
reviendront tous. Quand tu voudras partir, ils iront avec toi. Maintenant, pars, *dyangs* .
Vous n'avez plus besoin de vous soucier de Bidasari. Je lui procurerai des dames de compagnie et des servantes. Vous pourrez venir de temps en temps." Ils se levèrent donc et s'en allèrent en se prosternant. La reine conduisit alors Bidasari dans une pièce et la laissa toute seule, et toute effrayée.

Quand les ombres du soir tombèrent,
le grand roi ordonna à la reine de souper avec lui. Il s'assit à côté d'elle, souriait et parlait gaiement, comme il avait été un jeune Bedouwandas, sur son cheval, l'épée à la ceinture. "Mon royal époux, comme tu m'aimes ! car tu ne souperais pas sans moi, même si tu as besoin de nourriture et de boisson." Après que le roi eut mangé, il se retira dans sa chambre à coucher.

Toujours seule
Et pleurant beaucoup, la belle Bidasari resta,
Dans l'obscurité, sans personne pour lui parler.
Elle pensait à ses chers parents. "Ô mon Dieu ! Pourquoi me laisses-tu ici ?" La solitude la remplit de terreur, et elle pleura jusqu'au milieu de la nuit, et pensa à sa maison. Le roi parla : « Maintenant, qu'est-ce que j'entends ? Quelle voix est-ce si triste et si douce ? "C'est un bébé qui pleure", dit la reine. "Dans toutes les ténèbres, il s'est égaré." Son cœur brûlait et elle envoya un mot à Bidasari pour lui dire qu'elle ne devait pas pleurer, et garda le silence et attendit l'aube. Mais Bidasari a pleuré toute la nuit et a pleuré pour rentrer chez lui. Quand les *dyangs* coururent tous
pour la réconforter, ils découvrirent que la porte était verrouillée, et que personne ne pouvait entrer. Bidasari pensa : « Quel mal ai-je commis pour que la reine soit si en colère contre moi ? Quand le jour parut, le roi se rendit au pavillon. La reine ouvrit grande la porte de la chambre de Bidasari et entra toute seule.

Puis
la main de la reine Bidasari s'embrassa et la supplia de la laisser rentrer chez elle. "Ô gracieuse reine," dit-elle, "Aie pitié de moi; laisse-moi m'en aller. Je reviendrai vers toi."

La méchante reine
la frappa et lui dit : « Tu ne reverras plus ta demeure. » La douce Bidasari
baissa la tête et pleura de nouveau, tremblante de peur. "Pardonnez le mal
que j'ai fait, ma Reine, car je ne suis qu'une enfant et je ne sais pas comment
j'ai péché contre toi", dit-elle en tombant à ses pieds. La reine, en colère, la
frappa une fois de plus. "Je connais très bien", dit-elle, "tous tes desseins et
tous tes projets. Quoi ! Dois-je reposer en paix et voir ta beauté grandir, et
toi devenir mon rival auprès du roi ?" Bidasari comprit alors que c'était la
jalousie qui provoquait la fureur de la reine. Sa peur augmentant, elle
tremblait et déplorait son sort.
Toute sa vie elle fut insultée, frappée,
Et privée de sa nourriture.

Avant le
retour du roi, la reine quitta la chambre de Bidasari. La pauvre enfant avait
perdu son ancienne couleur. Son visage était devenu noir à cause des coups,
comme si elle avait été brûlée. Ses yeux, elle ne pouvait pas les ouvrir. Ses
souffrances étaient telles qu'elle ne pouvait pas marcher. Alors elle s'adressa
à Dieu : "Ô Seigneur, créateur de la terre et de la mer, je ne connais pas ma
faute, et pourtant la Reine me traite comme coupable d'un crime odieux. Je
souffre l'enfer sur terre. Pourquoi dois-je vivre ? Oh, laisse-moi mourir
maintenant, dans la foi, cher Seigneur. Mon âme est troublée et mon visage
est noir de chagrin. Laisse-moi mourir avant l'aube. Mes parents ne
m'aident pas. Ils m'ont laissé ici seul pour souffrir. Dans le faux J'avais
confiance en *Dyangs*, quant à mes chères sœurs.
Leurs lèvres sourient, mais leur cœur est bas. Leurs bouches sont douces
comme du miel, mais leur cœur est plein de mal. Oh, que puis-je dire ? C'est
la volonté de Dieu.

Tel était le chagrin
de Bidasari, et ses larmes coulèrent rapidement. Lorsque le roi sortit de
nouveau, la reine recommença ses dures persécutions. Avec de nombreux
coups et des paroles de colère, elle dit : "Pourquoi gémis-tu si fort ?
Cherches- tu
, en criant pour attirer le roi, à voir ta beauté ? C'est ton espoir, je le sais très
bien, d'être sa plus jeune épouse. Et tu es fier de toute ta beauté. Bidasari
fut stupéfait et répondit avec beaucoup de larmes : « Puissé-je être maudit si
jamais je connaissais de tels complots. Tu es une reine puissante. Si j'ai
péché contre toi, laisse-moi mourir immédiatement. Car la vie est inutile
aux cœurs qui souffrent. " M'as -tu amené ici pour me battre ?
Comme tu m'as fait pleurer ! Ô Reine, es-tu sans compassion ?"

Toutes possédées de rage,
la reine répondit : "Je ne te plains pas. Je te hais quand je te vois. N'ouvre
plus ta bouche." La méchante reine saisit alors les belles tresses de la belle

jeune fille, et prit un morceau de bois pour frapper ; Mais Bidasari a pleuré et s'est évanoui. La voix du roi résonna dans le couloir, alors qu'il revenait. La reine s'est alors précipitée et a laissé là un *mandataire* pour fermer et garder
la chambre de la belle Bidasari, afin que rien ne soit vu. Puis il demanda au roi : « Qui as-tu battu maintenant ? L'hypocrite répondit : "C'est un enfant qui a désobéi à ma volonté." " N'y en a-t-il pas d'autres pour cette discipline ? Est-ce à toi de frapper ? " Il prit alors
son *siri* et embrassa la reine avec le plus tendre amour. Tous les *dyangs* justes ont observé le sort de Bidasari
, et une pitié bienveillante a rempli leurs poitrines. « Comme la conduite de la reine est cruelle ! » Ils ont dit. "Elle nous a obligé à l'amener à ses côtés, mais pour maltraiter l'enfant toute la journée. Il semble qu'elle ait voulu la tuer complètement." Puis ils s'en allèrent secrètement, avec quelques-uns pour surveiller, Et aspergèrent le front de Bidasari. Elle est venue à la vie et a ouvert ces chers yeux mélancoliques. "Mes amis," dit-elle, "je vous en prie, laissez-moi rentrer chez moi, dans la maison de mon père." "Oh, fais confiance à Dieu, mon enfant", dit l'un d'eux en larmes. " Mon sort est écrit de toute éternité. Oh, priez la princesse de me prendre la vie ", s'écria la pauvre enfant ; "Je ne peux plus me tenir debout ; mes os sont faibles. Oh ! elle n'a pas de cœur !" Mais les *dyangs* , de peur que la reine ne les voie, tous s'enfuirent.

Pendant ce temps, le marchand et sa femme
pleuraient toute la journée et soupiraient pour leur cher enfant, Sweet Bidasari. Le doux sommeil ne caressait pas non plus leurs yeux la nuit. Chaque jour, ils envoyaient à Rich des cadeaux de toutes sortes, et la moitié d'entre eux étaient destinés à l'enfant. Mais la méchante reine To Bidasari n'a rien donné. Cinq jours se sont
donc écoulés . Puis ils ont envoyé Dyang Menzara.
Le marchand dit : "Oh, dis à la puissante Reine
que je dois voir Bidasari. Je la ramènerai dans trois jours." Le bon *Dyang* s'approcha de la reine et s'inclina profondément :
« Le marchand voulait voir son enfant », dit-elle. Alors les traits de la reine se durcirent. "Ne m'ont-ils pas donné leur enfant ? Maintenant, à peine un jour s'est écoulé, et ils doivent voir son visage.
Est-ce ton propre souhait ou celui du marchand ? J'ai dit que la jeune fille pouvait aller où elle voulait. Ne puis-je pas avoir elle m'a été reprise moi-même ? Alors le *dyang* s'inclina, se frappa la poitrine et s'en alla,
Triste de ne pouvoir voir Bidasari, Et tremblante devant la colère de la Reine. Du *dyang* , la belle Bidasari a entendu
la voix et a senti son cœur se briser de ne pas pouvoir lui parler et envoyer un message à la maison.

Le lendemain, lorsque le roi fut parti
parmi ses ministres et hommes d'État, la reine se rendit de nouveau dans la
chambre de Bidasari pour la battre davantage. Dès qu'elle aperçut la reine,
la pauvre Bidasari la pria : « Ô grande dame souveraine, permettez-moi
d'aller dans la maison de mon père. La princesse tremblait de rage, le visage
en feu. "Si tu dis seulement un mot, je te tuerai ici." Vers qui Bidasari
pourrait-il se tourner ? Elle se pencha devant la volonté de Dieu et dit d'une
voix douce : « O Seigneur, mon Dieu, aie pitié de moi maintenant, car le
monde cruel n'en a pas. Exauce maintenant le désir de la reine et laisse-moi
mourir, car elle me fait des reproches. bien que je n'ai rien fait. Mes parents
m'ont oublié et ne m'ont pas envoyé un mot. La princesse en colère frappa
de nouveau son visage pitoyable, et tandis qu'elle s'évanouissait, une
serviette se tordit en corde et l'étrangla. Elle appela à son aide Dang Ratna
Wali. "Aidez-moi à arracher cette mauvaise herbe ; je souhaite la tuer." Mais
la femme s'enfuit, Aussi basse que cruelle. Le fantôme de Bidasari s'est levé
devant elle. Pourtant l'enfant reprit conscience et pensa au milieu de ses
larmes : « Je vais raconter l'histoire du poisson d'or
à la reine, afin qu'elle sache tout ;
car je ne peux supporter ces douleurs que peu de temps. » Elle parla alors à
la reine et dit : « Ô Reine, tu désires que je meure. Cherchez un petit
cercueil qui se trouve tout caché dans l'étang à poissons de notre maison. À
l'intérieur se trouve un poisson. Faites-le apporter ici. Et je te dirai ce que
cela signifie. La princesse appela Dyang Sendari : "Allez et amenez ici les
dyangs , sans tarder,
hors de la maison du marchand." Quand ils arrivèrent : " Allez, maintenant,
dyangs , car dit Bidasari.
Il y a un petit cercueil dans l'étang où elle a l'habitude de se baigner. Allez
me l'apporter, en silence, que personne ne vous voie venir. " Alors les *dyangs*
répondirent : "Oh, entends notre prière
pour Bidasari. Comme ses parents sont en deuil ! Oh, pardon, princesse,
laisse-la partir avec nous." La reine répondit en souriant : "La jeune fille est
très heureuse ici et pleine de joie. Ses parents ne doivent pas s'affliger, car
dans deux jours, si Bidasari désire partir, je l'enverrai librement. Elle est
contrariée que vous veniez ici. si souvent." Les *dyangs* s'inclinaient
profondément,
souriaient et appelaient d'une manière séduisante : « Sortez, ô charmant
enfant, âme pure ; ce n'est pas bien de nous traiter ainsi, car nous sommes
venus voir ton beau visage et nous prélasser dans sa beauté. La douce
Bidasari entendit et ne put parler, mais répondit par ses larmes. La cruelle
reine leur dit : « Ne parlez plus. Mais si vous apportez le petit cercueil, vous
remplirez le cœur de Bidasari d'une grande joie. Puis les *dyangs partirent* et
trouvèrent le cercueil petit,
et l'apportèrent au palais de la reine. De nouveau à Bidasari, il appela les

bons *Dyangs* : "Oh, viens, cher cœur, et prends-le
toi-même de Nos mains." "Elle dort", dit la princesse. "Reviens demain."
Alors ils s'inclinèrent et partirent.
La princesse se précipita avec le cercueil riche dans la chambre de Bidasari
et l'ouvrit sous ses yeux. A l'intérieur se trouvait une boîte d'agate, belle à
voir, et remplie
d'eau dans laquelle nageait un petit poisson
de forme des plus ravissantes. La princesse resta étonnée de voir avec des
yeux de feu un poisson qui nageait. Alors elle fut heureuse et parla avec joie
à Bidasari : « Dis-toi ce que signifie le poisson ? Que dois-je en faire ? Alors
Bidasari s'inclina et dit : « Mon âme est dans ce poisson. À l'aube, tu dois le
retirer de l'eau et le remettre en place la nuit.

"Ne le laisse pas ici et là, mais accroche-le à
ton cou. Si tu le fais, je mourrai bientôt. Mes paroles sont vraies. Ne néglige
aucun jour pour faire ce que j'ai dit, et dans trois jours tu me verras. mort."

La Reine éprouvait en son cœur
Une joie indicible. Elle prit le poisson et le porta sur un ruban autour de
son cou. Bidasari parla alors à la reine : "Oh, donne mon corps à mes
parents, mes chers, quand je serai mort." De nouveau, la jeune fille
s'évanouit.
La reine la crut morte et cessa de la battre davantage. Mais elle vivait
encore, même si elle semblait morte. La joyeuse reine un drap blanc sur elle
Puis s'étendit et cria à haute voix aux *dyangs* :
« Emmenez Bidasari chez son père. Ils gémissaient et tremblaient en voyant
qu'elle était morte, et disaient avec beaucoup de larmes : « Hélas ! ô très
chère, ô or tout virginal ! Que dirons-nous quand nous, tes parents, verrons
? Ils se frapperont la poitrine et mourront de chagrin. . Ils t'ont donné au
Roi parce qu'ils nous faisaient confiance. Mais la fière Reine, le visage tout
rouge de haine : « Pourquoi restez-vous ? Emmenez cette malheureuse fille.
Ils virent la grande colère de la reine, et portèrent la jeune fille sur leurs
épaules, et la portèrent jusqu'à la maison de son père en pleine nuit. La peur
s'empara du commerçant. "Dites qu'est-ce qui vous amène ici ? Dis-moi,
dyangs ." Ils l'ont placée au sol.
Le marchand et sa femme, hors d'eux-mêmes, embrassèrent son corps avec
des larmes. "J'ai eu confiance en la Reine, et c'est pourquoi je lui ai envoyé
mon enfant. Ô fille chère, si jeune, si pure, si douce, Qu'as-tu fait qui puisse
déplaire à la Reine,
Pour qu'elle te renvoie ainsi chez moi ? Comment la reine a-t-elle pu traiter
Bidasari de la sorte ? Pendant sept jours, elle l'a emprisonnée et l'a renvoyée
chez elle dans la mort. Ah, noble enfant ! hélas ! Le cœur de ton père se
brisera, pour ne plus entendre ta voix. Parle à ton père, ô mon enfant, Ma
perle, mon joyau de femme, l'or le plus pur, Branche de mon cœur ; ne

peux-tu pas me calmer ? Ô Bidasari, pourquoi es-tu si tranquille ? Lève-toi, ma jolie enfant, lève-toi et joue avec toutes tes servantes. Voici ta mère, Viens te saluer. Souhaitez-lui la bienvenue. Pourquoi es-tu si immobile ? N'as-tu aucune pitié, ma chère, de voir ton père accablé de malheur ? Mon cœur éclate de désespoir parce que tu es perdu pour moi.

Longtemps le marchand
se plaignit ainsi. "Pourquoi dois-je vivre maintenant ? Puisque tu es mort, ton père mourra aussi. C'est son lot de soupirer nuit et jour pour toi. Mon Dieu, je ne comprends pas pourquoi ce cher enfant devrait être ainsi une victime ! " Ce sont les *dyangs* qui sont à l'origine de ce mal. »
Alors, dans tout le *campong* , les marchands
firent tous des lamentations, se roulant par terre, avec le bruit du tonnerre, et le cœur en feu. Ils cherchaient à parler et ne le pouvaient pas. Alors recommença le marchand, et à ses amis raconta son malheur, réclamant son enfant.

dyangs de la Reine versèrent des larmes et dirent doucement :
« Ne parle pas si fort. Tu sais que nous ne sommes que de pauvres serviteurs, et nous tremblons que la Reine n'entende. Si l'un d'entre nous avait fait ce mal, nous le lui dirions. au roi. Seul le destin est en faute. Oh, ne vous fâchez pas contre nous. Notre volonté était bonne. Nous n'avions d'autre fin que de voir votre charmante fille grande et puissante. Le roi n'en savait rien. C'était la folie de la reine. jalousie et haine. »

Le marchand et sa femme acceptèrent ces paroles
des *dyangs* . "C'est comme ils le déclarent.
La reine était ainsi jalouse et aigrie
contre nos Bidasari. Retournez chez vous, *dyangs* . Je crains que la reine puisse apprendre votre retard et vous punir."
Ils s'inclinèrent et s'en allèrent, le cœur brûlant de chagrin.

Le marchand et sa femme relevèrent alors
le pauvre Bidasari. Ils étaient presque morts de chagrin. A genoux le père prit Le corps enveloppé de soie cramoisie. Il ressentit une chaleur. Puis il se souvint que dans l'eau se trouvait encore son esprit vital, et, la plaçant sur une natte, il envoya Dang Poulam, le cercueil de l'étang, à apporter. Mais ce n'était pas là. Alors toute la maison chercha, mais ne trouva rien. Le marchand se frappa la poitrine. "Branche de mon cœur", dit-il, "nous avions tous pensé que tu deviendrais une princesse. J'ai perdu ma raison. J'espérais maintenant faire revenir ton esprit vital, mais le cercueil est perdu. Mon espoir est parti. Il se peut que ce soit "Les *dyangs*
l'ont volé. Ils sont fidèles à la reine. Nous ne pouvons pas leur faire confiance. Ils sont remplis de haine et de supercherie." Inconscient tout le temps Lay Bidasari ; mais à minuit, elle bougea pour la première fois. Ils

apportèrent des torches Et là derrière les rideaux égyptiens, à droite Et à
gauche, les allumèrent, avec de nombreuses lampes aux douces flammes.
Les domestiques y regardaient et attendaient. Le père, toujours aux côtés de
sa fille, Le regard fixe attendait que la vie revienne à sa chérie. Elle bougea
encore. Les yeux grands ouverts, elle vit et reconnut son propre canapé
moelleux, ses parents et ses servantes. Elle essaya mais ne parvint pas à
parler. Ses larmes chaudes coulèrent, elle se tourna lentement et regarda
avec le plus grand amour ses parents.

Lorsque le marchand vit
que l'esprit de Bidasari était revenu, il la prit à genoux et lui donna du riz.
Elle ne pouvait pas marcher à cause de la douleur qu'elle ressentait. Elle
pensa à la reine et pleura de nouveau. Ils essuyèrent ses larmes et lui mirent
dans la bouche
la nourriture qu'elle aimait. Le marchand
dit tendrement : « Bidasari, mon cher, qu'as-tu fait pour que la reine agisse
ainsi contre toi ? Le jeune Bidasari, avec un flot de larmes, répondit : "Pas
de mal du tout, j'ai infligé à la cruelle reine. Tout à coup, elle a commencé
ses insultes et ses coups." Ils étaient stupéfaits d'entendre de telles histoires.
" Lumière de mes yeux, " dit le père, " nous ne doutons pas de ton
innocence. Ses actes étaient ceux de la folie. Pour sa naissance hautaine, je
m'en fiche. La sagesse et la vertu lient seuls les vrais cœurs. En tant qu'amis,
nous ne devons jamais nommez ces faux *dyangs* . Ce ne sont pas des plantes
médicinales,
mais des poisons répugnants. Ces jours sont mauvais. L'injustice règne.
Croyez-moi, mes amis, c'est un signe que le dernier grand jour va bientôt
apparaître. Ces faux dyangs ne sont qu'une race d' *esclaves* . ,
Insensible à tout ce qui est bon. L'heure où la princesse sait que Bidasari vit,
nous mourrons tous, la princesse est si en colère. Illustre reine , ils
l'appellent - mais ses paroles
sont dures et cruelles. Que la malédiction de Dieu l'accable et anéantissez !
De Toi, ô Dieu, elle recevra le châtiment qu'elle mérite. Celle qui poursuit
ainsi une âme connaîtra le remords et la douleur. Ainsi Dieu a voulu.
Ainsi Dieu a voulu. Quiconque fait du mal à un autre souffrira à son tour.
faites-lui ce qu'il a fait aux autres. Ainsi, mon enfant, ma couronne, n'ayez
plus aucune crainte du tout. Confie-toi à Dieu. La cruelle reine sera encore
traitée comme elle t'a traité. » Le marchand se lamenta ainsi jusqu'à ce que la
nuit soit à moitié disparue, versant des larmes de saphir. La jeune fille
innocente, comme du marbre là, dormit jusqu'au crépuscule du soir. Vers
l'aube, elle s'évanouit de nouveau.

Le marchand et sa femme
furent très troublés de la voir la nuit reprendre vie, mais quand le jour
revint, ils la perdirent et son esprit s'enfuit. Cela affligeait tellement le cœur

du marchand, une retraite solitaire qu'il cherchait à trouver. Les parents s'écrièrent :

« Ô très cher enfant, il y a de la trahison dans l'air.

Les compagnons sont de haine et de colère, De lamentations et de malédictions terribles. Des mensonges ignobles sont prononcés contre de l'or. Les hommes dédaignent Les promesses de Dieu, la foi qu'ils doivent. Oh, pardon , Dieu ! Je n'aurais jamais pensé que les *dyangs* conspireraient ainsi. Mais puisqu'ils sont si mauvais Et qu'ils ont traité Bidasari ainsi, nous irons Et dans le désert trouverons un lieu de repos. Et que ce soit un refuge pour nous tous, Caché et inaccessible."

Il rassembla alors ses biens , et tous ses serviteurs les payèrent, et bâtit une maison loin dans le pays désert, un endroit agréable.

Il y fit construire une cabane, avec des remparts cernés, de forts *Sasaks* et sept rangées de palissades.

Ils y placèrent de nombreux vases pleins de fleurs, et toutes sortes d'arbres pour fruit et ombre, et des pavillons frais. Cette plaisance si belle On l'appelait Pengtipourlara. C'était comme le jardin de Batara Indra. Tout autour, le marchand plantait des grenadiers et des vignes. Aucun autre jardin n'était aussi beau. C'était comme la foire aux jardins du grand Batara Brahma, remplie de fruits. Quand tout fut prêt, ils partirent vers la nuit, et prirent le jeune Bidasari et beaucoup de nourriture. Ils marchèrent deux jours et arrivèrent à un endroit, un jardin dans le désert. Les tapis les plus doux venaient de Chine, et de teintes vives. Les décorations étaient de toutes les teintes. La maison était tendue de tapisseries et le plafond représentait le ciel tacheté de nuages. Et tout autour étaient accrochées des lanternes et des lampes. Des rideaux moelleux et un canapé complétaient ce lieu de repos enchanté. La lumière était toujours uniforme et brillante comme le jour. C'était comme le palais d'un roi puissant, magnifique et grandiose sans comparaison. Il y avait une table sur un tapis humide, avec des boissons pour Bidasari, des bols d'or et des vases de *souasa* remplis d'eau. Tout cela à côté du canapé

A été placé, avec *du siri jaune* et du pur

   Pinang , tout odorant, pour faire plaisir à l'enfant.

Et tout était recouvert d'une toile de soie. Les jeunes Bidasari portaient des bracelets, des bagues et des boucles d'oreilles serties de diamants. Quatre vêtements, tous ornés de pierres précieuses, reposaient sur un coussin, à porter par Bidasari. La nuit venue, le jeune Bidasari se réveilla. Ses chers parents lui ont ensuite donné un bain et son corps tendre a été frotté de musc et d'aloès. Ensuite, elle fut directement vêtue des vêtements de son choix. Son cher visage était beau, presque divin. Elle avait retrouvé la beauté qu'elle possédait autrefois. Le marchand fut étonné en la voyant. Il lui dit alors qu'ils la laisseraient là. « Branche de mon cœur et prunelle de mes yeux, ma très chère enfant, ne sois pas dérangée par cela. Je n'ai pas

l'intention de te faire du mal, ni de te renier, mais de te sauver. toi De la mort. Mais en écoutant ces mots, le jeune Bidasari pleura. Elle réfléchit à son sort. Dans les bras de son père, elle se jeta et s'écria : « Pourquoi me laisses-tu ici, ô père très cher, dans ce désert solitaire ? Je n'aurai personne à qui appeler en cas de besoin. J'ai peur de rester seule. Personne là-bas. "Je serai pour me parler. Je ne compte que ces heures comme heureuses quand j'ai mes parents à proximité." Le marchand entendit les paroles de la belle Bidasari et pleura avec sa chère épouse. Avec un chagrin amer, leurs cœurs furent brisés. Ils ont donné des conseils judicieux à Bidasari. « Ma très chère fille, » dit le père, « joyau de ma tête, ma couronne, branche de mon cœur, lumière de mes yeux, oh, écoute les paroles de ton père, et n'aie pas peur. Nous t'avons amené ici, à cette belle Retraite-toi loin de la ville, car si la reine savait que tu vis la nuit, les faux *dyangs* viendraient,
et qui peut lutter contre la princesse ? Ils te reprendraient et se disculperaient ainsi. laisse-moi être coupé en morceaux avant que tu puisses revenir auprès de la reine.
Ton père ne peut pas laisser de compagnons ici,
mais après trois jours, il reviendra vers toi. Tes parents tous deux reviendront bientôt. Alors Bidasari pensa : « Les paroles de mes parents sont la vérité, et si la reine découvre que je suis en vie, elle me maltraitera comme avant. Donnez-moi une servante de compagnie ici pour être avec moi », a-t-elle demandé. "Mon enfant, ne te fie pas," dit-il, "aux esclaves, ni aux serviteurs, car ils ne suivent que le salaire." Puis Bidasari resta silencieux, et eux, le père tout désemparé et la mère affectueuse, pleurèrent amèrement à l'idée de la quitter. Fair Bidasari leur a demandé de manger avant de commencer. Mais à cause de leur cœur lourd, ils n'en ont goûté qu'un morceau. A l'aube, le jeune Bidasari s'évanouit de nouveau. Ils se préparèrent tous à rentrer en ville. Avec des larmes, le père dit : "Ô prunelle de mes yeux, Perle de toutes les femmes, branche de mon propre cœur, Or pur, tes parents te quittent avec détresse. Ils n'auront plus de fille dans la maison. Mais, chérie, prenez courage, nous reviendrons bientôt. Ils sont partis d'ici avec un oiseau qui parle pour réjouir sa solitude, fermant toutes les portes des sept remparts. A travers un bois touffu et épais, ils suivirent un chemin étroit, Dans la tristesse, mais avec confiance en Dieu. "Ô Dieu souverain, protège notre enfant", disaient-ils. Lorsqu'ils furent rentrés chez eux, ils prièrent et firent de grandes aumônes.

Lorsque les ombres du soir apparurent
, la jeune Bidasari se réveilla et se retrouva seule et eut peur. De larmes amères, ses yeux étaient remplis. Que pouvait-elle dire ? Elle s'est donnée à Dieu. Hélas, notre destin Est comme un rocher. C'était à elle d'être seule. Il n'est au pouvoir de personne de détourner ou de changer ce qui est décrété par le destin. Bidasari était assis désolé. Le sommeil ne courtisait pas ses yeux. Maintenant, lorsqu'il entendait le cri De "Peladou", la chouette se

lamentait à haute voix. Quand ses parents arrivèrent, chargés de friandises pour l'enfant, elle oublia pendant un moment
son malheur, et mangea et but avec joie.
Le petit oiseau avec lequel elle parlait soutenait son courage de sa voix apaisante. Alors ont couru les jours. Sous prétexte qu'il donnait De chasser le cerf, le marchand venait quotidiennement.

CHANSON III

Écoutez maintenant une chanson sur le roi Djouhan.
Le prince sage et puissant a toujours suivi librement sa fantaisie, et la princesse Lila Sari était très heureuse dans sa vanité. Depuis qu'elle avait tué (car c'est ce qu'elle pensait) la servante, la jeune Bidasari, sa joie était entachée. "Le roi ne prendra jamais de seconde épouse", pensa-t-elle, "puisque Bidasari est maintenant mort." Le roi aimait bien la princesse Lila Sari. Il lui exauçait tous ses désirs et lui donnait tout ce qu'elle demandait, tant il l'aimait. Chaque fois que la princesse était ennuyée, le roi, avec des baisers et des paroles douces, la calmait et chantait ses douces chansons jusqu'à ce qu'elle redevienne elle-même. « Pauvre, petite et jolie femme », disait-il en riant pour chasser son humeur agitée. Une nuit, alors qu'il dormait sur son lit, un rêve le tourmenta. "Qu'est-ce que cela peut signifier ?" Il pensait. "Ah, eh bien, demain matin, je chercherai une explication." A l'aube, il s'assit sur un tapis égyptien, rompant le jeûne, et avec lui était la princesse. Quand elle eut goûté les friandises, les *dyangs* arrivèrent
Avec des feuilles de parfum. Alors le roi sortit dans le jardin. Tous les officiers y étaient rassemblés. Quand ils virent le roi, ils se turent tous. Le roi parla
à un *mantri* : « Mon oncle, viens t'asseoir ici. J'aimerais bien t'interroger. Le roi avait à peine prononcé ces paroles, que, s'inclinant très bas, le *mantri* répondit d'un ton respectueux :
« Mes salutations à toi, ô le plus miséricordieux des rois. » Il l'assit près du trône. "J'ai rêvé la nuit dernière," continua le roi, "que la lune dans toute sa gloire tombait sur la terre. Que signifie cette vision ?" Alors le *mantri répondit* avec un sourire
: "Cela signifie que tu trouveras un compagnon,
Un cher compagnon, comme celui de ta naissance, Sage et accompli, bien élevé et bon, Le plus aimable de tout le pays." Les yeux du roi s'enflammèrent à nouveau. Il a dit avec des sourires : "J'ai donné à la Reine ma promesse vraie Que jamais je ne prendrais une seconde épouse Jusqu'à ce que je puisse trouver une plus belle qu'elle. Et pourtant elle est si belle à mes yeux, Son égale ne peut être trouvée nulle part. Vous auriez prenez-la pour une fleur. Pourtant, quand surgissent ses tempêtes de colère, il faut du temps pour calmer son esprit, tant son caractère est guêpe. La pensée de cela m'attriste. Si l'on ne satisfait pas le désir de son cœur, elle s'envole dans

un passion et tentatives de se suicider. Mais c'est mon destin, c'est écrit. La Reine est comme un joyau avec un reflet aussi brillant que l'éclair de l'éclair. Personne ne pourra jamais être, je te le dis maintenant, aussi beau pour moi. Le *mantri* sourit. "Ce que tu dis est juste,

ô roi, mais si tu devais trouver quelqu'un plus beau, tu pourrais pourtant tenir ta parole. La beauté de la reine peut disparaître. La princesse que tu épouseras, ô roi, a quatre hautes qualités. . Elle doit, pour être ta reine, être noblement née, riche, belle et bonne. Le prince répondit : "Ô mon oncle, tes paroles sont vraies. De nombreuses princesses y vivent, mais il est difficile de trouver ces qualités. La reine est bonne, sage et aimable. Je ne souhaite pas qu'une autre épouse se marie, et blesse la Reine avec laquelle j'ai vécu trois ans dans l'amour et l'harmonie. Pourtant, si je voyais une jeune fille tout à fait céleste, peut-être pourrais-je l'oublier, l'épouser et donner à la reine un compagnon gai. "Ô prince accompli, tu dis vrai. Reste de longues années avec elle, ta reine, ta première bien-aimée, car elle a tout... Une grande beauté et une grande intelligence." Ils s'inclinèrent et le roi sortit d'eux vers le palais. Il s'assit à côté de la reine et l'embrassa sur les joues, et dit : " Tes traits brillent de beauté,

comme un bijou dans un verre. Quand je

dois quitter ton côté, je n'ai d'autre souhait que de revenir. Comme le mont Maha Mirou, tu art." La princesse dit : "Pourquoi es-tu si fougueux aujourd'hui ? Tu es comme un garçon." « Branche de mon cœur, mon très cher amour, dit-il, ne te tourmente pas. Tu connais le vieil adage : On est d'abord pris avec un joli visage, Puis viennent la sagesse et la prudence, et avec celles-là, on aime son visage. femme jusqu'au jour de la mort. Si tu te comportes ainsi, ma chère, mon cœur entre deux femmes ne sera jamais partagé; toi seul en posséderas tout. La reine fut charmée d'entendre ses paroles affectueuses. La nuit, la reine dormait, mais le roi restait éveillé, observait la lune et se rappelait son rêve. A l'approche de l'aube , il dormait et semblait

entendre la voix aiguë d'un hibou, comme celle de Pedalou. Lorsqu'il fit grand jour, le couple royal rompit ensemble leur jeûne. Le roi sortit et ordonna, dans deux jours, de préparer une chasse puissante, de chasser le cerf pommelé, avec des hommes, des chiens et tous les vêtements appropriés. Puis le roi revint au palais et en informa la reine, qui donna immédiatement l'ordre de préparer la nourriture. A minuit, derrière les rideaux égyptiens, le roi et la reine allèrent se reposer, mais ne dormirent pas. Pourtant, le rêve était toujours dans ses pensées et l'inquiétait. A l'aube, il dit adieu à la reine. Elle était toute radieuse et souriante, dit : " Apportez-moi un faon. Je dirai à tous les domestiques d'en prendre bien soin, afin qu'il s'apprivoise tout à fait. " "Ce que nous pouvons faire, ma chère, nous le ferons, afin que tous tes désirs se réalisent." Et ainsi le roi prit congé, avec des baisers affectueux, et, monté sur un chasseur marron, partit, avec

une selle de velours ornée de franges de perles. Ils portaient des lances, des boucliers, des flèches et des sarbacanes. Ils entrèrent dans le bois, et les bêtes s'enfuirent toutes devant leurs pas au premier rayon de l'aube. Et quand le soleil se leva, ils lâchèrent les chiens
avec des cris sauvages. Vers midi, ils aperçurent un animal
en vol et auraient voulu le suivre.
Mais alors le roi parla et dit : "Nous avons si chaud et si fatigués, attardons-nous ici pour nous reposer." La moitié de la compagnie égarée avait disparu, chacun s'efforçant d'être le premier. Le roi, accompagné de trois fidèles, s'inclina sur le sol et les envoya chercher de l'eau. Ainsi les *mantris* allèrent trouver
une rivière ou un étang, et s'éloignant au loin, la plaisance de Bidasari arriva enfin. Ils s'arrêtèrent stupéfaits, puis s'approchèrent des lieux. Lorsqu'ils furent près du joli jardin, ils dirent : « Il n'y avait pas de jardin ici auparavant. À qui appartient-il ? Peut-être s'agit-il du berceau d'un esprit. Aucune voix humaine n'est entendue, mais juste le cri des « minahs » et des « bajans ». ' Qui devons-nous appeler, de peur que des spectres n'apparaissent ? » Ils errèrent autour des remparts, et découvrirent une porte fermée par de lourdes barres de fer, et essayèrent vainement de l'ouvrir. Alors l'un d'eux revint et trouva le roi et dit : « Salut, seigneur souverain, nous n'avons pas trouvé d'eau, mais un *campong* ici dans le désert solitaire,
aussi splendide que celui d'un sultan, avec toutes sortes d'arbres et de flux. » rs, et pas un mortel là-bas. Il est entouré de doubles remparts solides. Aucun nom n'est vu, et toutes les portes sont fermées, de sorte que nous ne pouvons pas entrer.

A peine le roi
avait-il entendu la parole *du mantri* qu'il se précipita
vers le beau domaine. Devant la porte, il resta étonné. "En vérité, ma
mantris ,
c'est comme tu l'as dit. J'étais ici une fois Et puis le bois était rempli d'épines et de ronces." "'Ce n'est pas un *campong de noble* . Il doit
avoir été fait récemment. Maintenant, invoquez tous les *mantris* ici et voyez ce qu'ils diront."
Ils crièrent à haute voix : "Oh, dépêchez-vous, mes amis, et apportez de l'eau ici." Ils ont appelé sept fois, mais aucun n'a répondu. Le roi dit : "C'est assez. C'est comme si on invoquait les morts."

"Nous ferions mieux de ne pas entrer", dit alors le
mantris , "C'est peut-être la demeure des démons qui est tombée. Nous avons peur. Pourquoi devrions-nous nous attarder ici ? Reviens, ô Roi, car si les esprits venaient, cela pourrait nous apporter le mal. . Tu ne dois pas t'exposer au danger. Mais le roi sur la *mantris* sourit. "Vous avez peur

des démons, des spectres, des esprits ? Je n'ai aucune peur. Brisez les barrières. J'irai seul dans l'enceinte." Quand les portes furent forcées, Il entra tout seul. Les *mantris étaient* tous
terrifiés à l'idée qu'il lui arrive du mal. Ils cherchèrent à l'accompagner. Il dit légèrement : "Non, ma *mantris*, tout ce que Dieu a voulu,
doit arriver. Si dans les flammes je devais brûler, je devrais toujours avoir confiance en Dieu. C'est Lui seul que le mal peut détourner. Nous, les hommes mortels, ne possédons aucun pouvoir. Avec de mes propres yeux, je souhaite voir cette apparition. Si c'est la volonté de Dieu, j'en sortirai sain et sauf. Ne soyez pas dérangé. En cas de besoin urgent, je ferai appel à vous. Tous m'attendent ici. Le *mantris* rendit hommage et répondit : « Va donc seul, puisque tu l'as voulu ainsi. » Le roi entra dans la plaisance. Il vit que tout était comme un temple richement orné, avec des tapis de soie et des tapisseries colorées, des nuages représentés et des roues toutes radieuses, et des lampes et des candélabres suspendus, et des lanternes brillantes. C'était comme un palais riche. Les yeux étaient éblouis de magnificence. Et il y avait des sièges, et des tables délicates, rares. À mesure que le roi parcourait le palais, il était de plus en plus étonné de tout ce qu'il voyait, mais il ne trouvait nulle part la trace d'une âme humaine. Alors le petit oiseau dit : « Roi illustre, que cherches-tu ici ? Ce manoir est la maison des fantômes et des démons qui te feront du mal. Le roi fut ainsi émerveillé d'entendre un oiseau s'adresser à lui. Mais il s'est envolé et s'est caché derrière un canapé. "L'oiseau, je le trouverai", dit-il en ouvrant doucement les rideaux. Il vit étendu, sur un lit en forme de dragon,
une forme humaine, dans un sommeil aux paupières lourdes
qui ressemblait à la mort, et recouvert d'un drap bleu, dont le visage annonçait le plus profond chagrin. "Est-ce un enfant céleste ?" pensa le roi, "Ou fait-elle semblant de dormir ? Réveille-toi, ma douce,
et soyons de bons amis et de vrais amants." Ainsi parla le roi, mais toujours aucun mouvement ne vit. Il s'assit sur le canapé et se dit : "S'il s'agit d'un fantôme, pourquoi les yeux sont-ils si fermement fermés ? Peut-être qu'elle est morte. Elle est vraiment d'origine divine, bien qu'elle soit née princesse." Puis il souleva très haut la couverture délicate qui cachait la forme de la douce Bidasari, et resta étonné de toute la beauté magique de son visage. Hors de lui, il s'écria : « Réveille-toi, mon amour. Il la souleva et lui dit avec des baisers chaleureux : "Oh, n'aie pas peur de moi, cher cœur. Ta voix Oh, laisse-moi entendre, mon or, mon rubis pur, Mon joyau virginal. Ton âme est à moi. Encore une fois, il la pressa dans ses bras, et lui donna de nombreux baisers, chantant à voix basse des chants d'amour. "Tu ne te réveilles pas, ô très chère, mais tu es encore en vie, parce que je te vois respirer. Ne dors pas trop longtemps, mon amour. Réveille-toi, car tu as conquis par ta beauté mon cœur et mon âme. " Ainsi tomba le roi amoureux de Bidasari. " Ah, ma douce, " dit-il, " dans tout le monde de

l'amour tu es le plus digne. " Le *Les Mantris*, inquiets de son séjour,
se levèrent et dirent : « Que demande le roi si longtemps ? Si un malheur lui
arrivait, quel serait notre sort ? Oh, rappelons-le immédiatement, mes
seigneurs. » Alors quelqu'un s'approcha du palais et s'écria : « Revenez, ô
prince accompli, vers nous maintenant. Déjà la nuit est proche. Tu pourras
revenir demain avant l'aube. Nous craignons que les esprits ne te nuisent.
Viens, ô roi, car nous avons faim et attendons ton retour. " Mais l'illustre
prince était fou d'amour pour Bidasari. Pensivement, il s'écria : " Branche
de mon cœur, lumière de mes yeux, mon amour, Or pur. , tu es comme un
ange. Maintenant, dois-je
partir. Demain, je reviendrai. »
Sans plus de mots, il la quitta, mais revint. « Mon cœur me dirait : étais-tu
vraiment mort ? As-tu quelque ennui, mon très cher ? t'est arrivé. Quel
spectacle si étrange t'a gardé pendant toutes ces heures ? » Le roi répondit
en riant : « Il n'y avait rien à voir. » Mais ils remarquèrent son front couvert
de pensées, et dirent : « Ô roi, ton cœur est cruellement tourmenté. " "Non,
non," répondit le roi, "je me suis endormi. Je n'ai rien entendu à part la voix
*du mantri**.
C'est sûrement la maison des démons et des esprits. Partons, de peur qu'ils
ne nous surprennent ici. » Il parut très ému. « Nous n'avons gagné que la
lassitude. Rentrons donc tous à la maison ce soir, et revenons ici à l'aube.
Car j'ai fait une promesse à la reine d'apporter
un faon et un *kidjang*. " Le *mantris* dit :
" Nous n'en avons pas encore pris. Mais nous trouverons du gibier demain
et nous sauverons un joli faon. " Le roi, à leur retour, entra directement
dans le palais. Là, il vit la reine, mais pensa à Bidasari. " Ô mon amour, "
dit-il. "Demain, je suis résolu à chasser à nouveau, à te ramener un faon et à
gagner tes remerciements. Je ne suis jamais heureuse loin de toi, mon très
cher amour. Ton image est gravée sur mon cœur." Puis il caressa la reine et
la caressa, mais son cœur sortit toujours vers Bidasari. Toute la nuit, ses
yeux ne se fermèrent pas dans le sommeil, mais pensèrent à elle, dans toute
sa beauté rare. Avant l'aube, le couple royal se leva. Le roi ordonna alors à
ceux qui le désiraient de chasser à nouveau avec lui. Au lever du soleil, ils
partirent.

Sur Bidasari, regardons à nouveau.
La nuit passée, seule, elle se leva, mangea et but. Puis elle alla au bain
parfumé, et, arrivant dans sa chambre, prit du *siri* dans la boîte à bétel. Elle
a vu
un *sepah* récemment utilisé et
l'a lancé. Elle pensa en elle-même : « Qui aurait pu l'utiliser ? Quelqu'un est
venu ici. Elle a parcouru toutes les pièces, mais n'a rien trouvé Sauf le *sepah*
dans la boîte à bétel.
"Si mon père l'avait été, il m'aurait laissé de la nourriture. Oh, il est très

téméraire de me laisser seul ici." Sur le canapé, elle s'assit et pleura, et ne put raconter son chagrin à personne. "Quand nous ne pourrons plus vivre heureux", dit-elle, "il vaut mieux mourir. On ne pourra jamais pardonner à mes parents de me laisser ici comme n'importe quel infidèle. Et si je souffre, ils seront aussi tristes." Les *minahs* , les *bajans* et les oiseaux qui parlent
se mirent à chanter. Elle prit un tissu brodé, Et sous ses plis elle s'endormit doucement.

Le cheval du roi vola à toute vitesse vers le *campong*
de Bidasari. Tous les *mantris* disaient :
"Tu ne prends pas le chemin de la chasse, sire ; ce n'est qu'un *camp* de démons effrayants
et de spectres. Ils peuvent nous faire un mal mortel." Le grand prince se contenta de rire et fit comme si

Il n'entendit rien, dirigeant toujours sa flotte
vers le jardin de Bidasari, bien qu'ils cherchaient à s'opposer à ses souhaits. Lorsqu'ils arrivèrent devant les palissades, les *mantris* crièrent :
« Avancez, démons maudits, et partez dans les épines et les ronces. Puis au Roi : "Si tu veux prouver le courage de tes hommes, conduis-nous derrière les barrières, parmi les mauvais esprits. Nous irons avec toi." "Non. Laissez-moi partir seul", répondit le prince, "et très bientôt je reviendrai." Ils dirent : « Ô prince, pour nous ta volonté est la loi. Au Dieu Très-Haut nous recommandons ton âme. » Seul le prince dans la maison de Bidasari Met le pied. Il fut étonné, car il vit que le bain avait été récemment utilisé et que toutes les lampes étaient taillées et pleines d'huile. Puis ouvrant Les coffres, il aperçut les traces d'un repas, Et des verres fraîchement vidés. Il fouilla toutes les chambres
et arriva jusqu'au lit de Bidasari,
et soulevant les rideaux, il la vit là, endormie sous la couverture brodée. "C'est sûr qu'elle vit", dit-il. "Peut-être que c'est son lot de vivre la nuit et de mourir à l'aube." Puis il s'approcha encore et contempla sa beauté. Des larmes persistantes qu'il voyait couvraient ses longs cils, et tout son cœur était triste. Son visage était magnifique. Ses mèches encadrées * avec des boucles des plus gracieuses. Il la prit dans ses bras et lui cria avec des baisers chaleureux : « Pourquoi as-tu souffert, prunelle de mes yeux ? Il pleura abondamment et dit : « Mon or, mon rubis, mon anthrax brillant, ton visage est comme celui de Lila Seprara, et ta naissance est pure et sans tache. Comment pourrais-je ne pas aimer une être belle comme tu me sembles ? est indicible ; tu es au-dessus de toutes les couronnes, la gloire de toutes les terres. Mon âme t'adore. Je ne suis plus Seigneur de mon propre cœur. Sans toi, mon amour, je ne pourrais plus vivre ; tu es mon âme

même. N'as-tu pas dommage de m'accorder ? » Plus il paraissait, plus il aimait. Il embrassa ses lèvres rubis et chanta ce *pantoum grave* :

CHANSON

Dans un vase se trouve une rose de porcelaine ;
Va acheter une boîte de bétel, ma très chère. J'aime la beauté que révèlent tes yeux ; De mon existence, chérie, tu es le soleil.

Va acheter une boîte de bétel, ma très chère.
Orné de *chants* courageux de doux *campak* ,
De mon existence, chérie, tu es le soleil ; Sans toi, tout ma vie manquerait.

Ornée de *sons* justes de doux *campak* ,
Une carafe haute contiendra le sorbet rare ; Sans toi, tout mon cœur manquerait ; Tu es comme un ange venu du ciel si beau.

Une grande carafe contiendra le sorbet rare,
le plus excellent pour la faiblesse de la femme.
Tu es comme un ange venu du ciel si beau,
Consolation de l'Amour, gardien de sa flamme.

A l'approche de la nuit, le *mantris* dit :
"Pourquoi le roi s'est-il éloigné de nous si longtemps ?" Ils étaient troublés, le prince semblait si différent de lui-même et rempli d'une telle inquiétude. "Je crains beaucoup", dit alors un *mantri* ,
"qu'un accident ait accablé le roi. Peut-être à cause d'un mauvais esprit qu'il possède, qu'il doive volontiers retourner dans cet endroit étrange." L'un d'eux alla crier : « Viens ici, ô notre Roi ! Le jour décline ; nous attendons ici depuis l'aube. Le roi répondit à l'appel et se présenta à la porte avec un visage souriant, quoique pâle : « Viens ici, mon oncle ; viens et parle avec moi, ton roi. Aucune mauvaise chose n'est arrivée. "Ô seigneur suprême, très digne prince, reviens. Si un malheur devait t'arriver, nous mourrions tous." "Soyez calme, mon oncle, je ne reviendrai pas cette nuit, mais celui qui le voudra pourra rester avec moi." "Ô roi, qu'as-tu à faire avec les esprits ? Ton visage est pâle et usé et parle de soucis." Le roi soupira et dit : « Mon cœur est plein de troubles, mais la volonté de Dieu est bonne. Ici hier, j'ai vu une belle forme céleste avec un visage d'ange. C'était ici seul. Le roi raconta donc tout ce qui s'était passé. "Retournez", a-t-il ajouté. "Laissez-moi ici avec elle. Dites à la reine que je suis resté encore un jour pour m'amuser avec ma suite." Puis la moitié de l'escorte resta et l'autre moitié se rendit au palais pour informer la reine que le roi resterait un autre jour et chasserait. Quand tout fut sombre, la douce Bidasari se réveilla, vit le roi et tenta de s'enfuir. Il la saisit et l'embrassa. "Rubis, or", dit-il, "Mon âme, ma vie, oh, dis, où irais-tu ? J'ai été seul avec toi pendant deux jours entiers, Et toute la journée tu es resté enveloppé dans le sommeil. Où

aimerais-tu tu pars, ma colombe ? La douce jeune fille avait très peur et
tremblait, et elle pensait : « Est-ce un esprit venu me trouver ici ? Avance-
toi et va-t'en, ô spectre effroyable », dit-elle au milieu de ses larmes
. "Pas de fantôme,"
répondit le roi; "n'aie pas peur. Je souhaite t'épouser." Alors Bidasari
s'efforça à nouveau de fuir. Puis il chanta au roi une chanson qui parlait
d'amour et de bonheur. Ses mots étonnèrent Bidasari, et elle s'écria : "Es-tu
un pirate ? Pourquoi viens-tu ici ? Ne me parle pas de telles choses. Si tu
étais découvert par mon père, il te couperait en morceaux. Tu devrais aller
seul vers la mort. , et ne trouve aucun pardon dans son cœur. Prends toutes
mes pierres précieuses et hâte-toi de partir immédiatement. Le roi répondit :
" Ce ne sont pas tes joyaux que je veux, mais toi. Je suis un pirate, mais ton
cœur est tout ce que je veux voler. Si des spectres venaient par milliers, je
ne les craindrais pas du tout. Pas de larmes, mon amour , gloire éclatante de
ma couronne. Où irais-tu ? N'as-tu aucune pitié, douce, Pour moi ? Je suis
un prince puissant. Qui ose S'opposer à ma volonté ? Or pur, tout virginal,
Où irais-tu ? Ainsi parla le roi, et la belle jeune Bidasari trembla de plus en
plus. "Ne m'approche pas", s'écria-t-elle, "mais laisse-moi me baigner le
visage." "Je vais te donner un bain, chérie", dit-il. Mais Bidasari lui jeta l'eau
pure au visage. "Pas comme ça, mon enfant", rit-il; "Tu as mouillé mon
vêtement. Mais je resterai et rencontrerai tes parents ici. Oh, écoute, mon
amour. J'ai suivi la chasse jusqu'au bout et j'ai erré ici. J'ai cherché un joli
faon pour emmener la reine; mais maintenant ton visage j'ai vu, je ne
souhaite plus m'en aller. Oh, n'aie pas peur, mon enfant ; je ne te ferais pas
de mal. Quand tes parents viendront, je leur demanderai ta main. J'espère
qu'ils exauceront ma prière. Je' Je te conduirai de ce bel endroit jusqu'à mon
palais. Tu t'assiéras à côté de la reine et vivras dans un bonheur complet. La
douce Bidasari baissa la tête et pleura, toute rouge de modestie. Elle se dit :
« Je n'ai jamais pensé que c'était un roi. Comme j'ai été grossière ! J'espère
que le roi ne sera pas vexé. Il a calmé ses craintes avec de tendres paroles
d'amour. "Branche de mon cœur", dit-il, "lumière de mes yeux,
n'aie plus peur. Dès que tes parents affectueux
auront donné leur consentement, je t'emmènerai dehors. Mon palais n'est
pas loin. Un seul jour nous prendra là. Ce n'est pas difficile d'aller et de
venir. Bidasari sut alors que c'était le roi de ce même pays. D'effroi, elle
faillit s'évanouir à la pensée de tous les malheurs que la reine lui avait
causés. "Ô mon seigneur," dit-elle, "je ne suis qu'un sujet humble. Ne me
donne pas le trône. J'ai mes parents, et je dois rester avec eux." Le roi était
ravi. "Ma chère," dit-il, "sous quels noms sont connus tes parents ?" D'une
voix basse et douce, la tendre fille répondit : "Lila Djouhara est le nom de
mon père. Il habite à Pesara." "Très-aimé, dis-moi la vérité. Pourquoi t'ont-
ils traité de cette façon, pourquoi t'ont-ils abandonné dans la solitude ? Ton
père n'est pas pauvre. C'est un marchand riche, de naissance, qui a une

foule d'esclaves et de serviteurs. Pour quoi Parce que sa fille est-elle restée
dans cet endroit éloigné ? Il est réputé parmi tous les marchands, à la fois
bon et honnête. Qu'est-ce qui l'a forcé ici, dans ce bois solitaire, à te cacher,
ma chère ? Oh, dis-moi tout ; que rien ne soit caché. " Elle pensa : « C'était
la faute de sa propre reine. Mais si je lui dis tout – il ne m'a jamais vu là-bas,
dans le palais – s'il ne le croit pas, je serai un menteur à ses yeux. Elle
craignait de lui parler de la reine. Elle pensa : « La Reine était si cruelle
envers moi Quand elle craignait une rivale, que se passerait-il si je devais
m'asseoir à côté d'elle sur le trône ? Puis, de sa douce voix, Bidasari dit : «
Mon glorieux roi, j'ai peur de parler. Je ne suis pas apte à un trône royal.
Mais puisque tu m'aimes, comment oserais-je mentir ? Si tu me favorises, la
reine la vexera. cœur. Mes parents la craignent. C'est la raison pour laquelle
ils m'ont amené ici. Il y a trois longs mois, je suis venu, par peur de la reine.
Elle pensait à toute l'horreur de ces jours-là, s'étouffait de sanglots et ne
pouvait plus parler.
Alors tendrement le roi dit à la jeune fille :
« Eh bien, mon amour chéri, confie-moi le secret que cache ton cher cœur.
Ne crains rien ; la reine est bonne et sage, et sait gagner tous les cœurs.
Pourquoi devrait-elle rendre "Tu es malheureuse ? Ne parle pas ainsi, ma
jolie ; la reine ne pourrait jamais faire une mauvaise action. Quand tu seras
près d'elle, tu verras, ma chère, si elle t'aime ou si elle t'haït."

A ces mots,
la jeune Bidasari comprit que le roi estimait la reine et sentit son cœur se
serrer dans sa poitrine. "Mes paroles sont vraies", dit-elle, "mais peut-être
mon prince ne peut-il pas croire. Mais n'ai-je pas passé six ou sept nuits
dans ton palais ? La sueur de la douleur est devenue mon lit, tant mon désir
de voir mes parents était cher. Ils m'ont envoyé des friandises, mais tous les
dyangs
ont été retenus prisonniers par la princesse. Elle a dit qu'elle me reprendrait
elle-même. Un jour, en effet, j'ai été renvoyé chez moi, mais à peine vivant.
Elle lui raconta tout ce qui s'était passé. Il écouta stupéfait et dit : «
Comment se fait-il que tu sois caché dans le palais, et que je ne t'y vois pas ?
Pourquoi n'étais-tu pas à
côté de la reine ? Je n'ai jamais quitté le palais un seul jour. étais-tu caché ?
Je crois à tes paroles étranges, ma chère. Parle sans crainte et fais-moi savoir
tout. Pressé par le roi, le jeune Bidasari lui raconta tout. Et lorsqu'il apprit la
conduite de la reine, le roi fut émerveillé. Une colère des plus terribles
s'emparait de lui. Mais son amour pour Bidasari est monté encore plus haut
et sa compassion. " C'est ainsi que la reine a agi ainsi !
Je n'aurais jamais cru que l'hypocrisie pût être si grande ! Je n'ai jamais vu
chez la princesse une telle tendance au mal. Mais ne soyez pas, ma chère,
inconsolable. C'est une chance que vous n'ayez pas tout à fait succombé.
Ne parlez plus. Des manières de cette mauvaise femme. Dieu merci, nous

nous sommes rencontrés ! Alors ne pleure plus, mon amour. Je te donnerai un trône plus beau que le sien, et je serai
ton cher compagnon jusqu'à la mort. "Ô Roi",
dit-elle : "Je n'ai aucune beauté digne d'un trône. Oh, laisse-moi rester une simple servante, Et ne pense plus à moi." Le roi répondit : "Je ne t'abandonnerai pas. Mais je dois quand même revenir et méditer sur la manière dont je pourrai te reconquérir complètement la vie." De baisers chaleureux, il couvrit son beau visage. Elle baissa la tête, et garda le silence ; et quand le matin se leva, elle s'évanouit de nouveau. C'était pour lui une preuve qu'elle avait dit la vérité. Une haine mortelle emplit alors le cœur du prince contre la reine. Touché d'une profonde pitié pour la jeune fille, il l'embrassa encore une fois et la laissa là, si blanche et immobile, comme si elle gisait dans la mort. Et la *mantris* ? Ils attendirent longtemps
le Roi, en silence. Alors l'aîné dit : « Ô seigneur souverain, ô grand calife, ne reviendras-tu pas maintenant ? "Je reviendrai, mon cher cœur", dit-il en cherchant la ville. Il entra aussitôt dans le palais, chez la reine, qui demanda : « Qu'est-ce que tu apportes de la chasse ? Il répondit en murmurant : « Je n'ai rien pris du tout. Pour mon propre plaisir, je suis resté toute la nuit. "Ce n'est rien, seigneur, pourvu qu'aucun mal ne t'arrive. Mais dis ce que tu cherchais, rester si longtemps ? Je t'ai toujours préparé la nourriture pour tes grandes chasses, mais jamais encore n'ai-je reçu de récompense ?" Le roi répondit en souriant : « Préparez-vous à nouveau, car je repartirai demain. Si je ne prends rien, je reviendrai tout de suite. En caressant la reine, sur sa poitrine, il sentit le petit poisson magique d'or en sécurité. Puis il donna des ordres rapides à tous. "Je chasserai demain, et j'apporterai sûrement du gibier merveilleux." Or, lorsque la princesse s'endormit, il ne trouva plus dans son cœur le petit poisson. "C'est ce que la jeune fille a dit", pensa-t-il. "La princesse a une âme méchante. Avec un tel cœur, je ne peux pas l'accompagner dans la vie." Toute la nuit, il ne parvint pas à dormir, mais il pensa à la jeune fille. Il était aussi triste
que s'il entendait une chanson touchante. A l'aube,
le couple royal se leva et alla se baigner. Le roi revint dans le palais et s'assit sur le trône orné de pierres précieuses. Il revêtit la robe royale pour se présenter devant la chère jeune fille. Un vêtement était de soie, Tout d'or brodé, avec une tunique brillante, De teinte orange. Son attitude était des plus superbes, comme le convient un roi puissant. Il portait un carquois de Ceylan, très habilement travaillé. Lorsque tous les *mantris* furent rassemblés là,
le roi se rendit de nouveau dans le palais et rencontra la reine. La caressant, il prit le petit poisson qui gisait sur sa poitrine. La princesse pleura, et à la porte elle s'écria : « Pourquoi prends-tu mon petit ornement ? Le grand roi n'y prêta aucune attention et s'en alla, à l'heure joyeuse de l'aube, quand les oiseaux se mettent à chanter. Les épées brillaient et les lances brillaient, et à

travers les bois Ils se hâtaient, avec des carquois et des sarbacanes, Et semblaient une ville ambulante.

Maintenant encore,
tournons-nous vers Bidasari. Quand l'aube apparut, elle se leva et s'assit seule, son visage devint encore plus beau. Son état l'étonnait. "Peut-être est-ce le roi qui a fait ce prodige. Comme je suis heureux de ne plus être mort !" Elle se lavait le visage Et se sentait toujours triste, mais à sa réflexion Une certaine joie se mêlait, car sa douleur Était passée. Son chagrin, "l'oiseau qui parle" apaisé Avec des chansons sur le puissant roi et l'amour.

CHANSON

Il y a *Siri* dans un vase doré,
Good Dang Melini plante une rose ; Le roi admire un joli visage. Aujourd'hui, il viendra à la fin de cette foire.

Le bon Dang Melini plante une rose,
Ici dans le jardin ils se rencontreront ; Aujourd'hui, il viendra à la fin de cette foire. Pour l'homme et pour la jeune fille, l'amour est doux.

Ici, dans le jardin, ils se rencontreront,
Allez chercher les fruits et les fleurs les plus beaux ; Pour l'homme et la jeune fille, l'amour est doux, Le roi vient au berceau.

Lo! A cet instant précis, ils s'approchèrent.
Le cher Bidasari s'est caché derrière le canapé. Le roi chercha partout et trouva enfin la jeune fille cachée, baignée de larmes amères. Puis l'embrassant, le roi lui demanda : « Mon amour, gloire éclatante de ma couronne ; dis-moi, je t'en prie, pourquoi tu es triste. Il a séché ses larmes. Mais elle baissait toujours la tête en silence. Alors le roi donna l'ordre d'envoyer des éléphants et des chevaux. "Partez avec *les mantris* deux à la fois,
et amenez le marchand et sa femme, et dites à quarante *dyangs* de se précipiter ici immédiatement."
Alors le *mantris sortit* en toute hâte, trouva
le marchand et sa femme et dit : « Le roi vous invite à venir. » Puis à travers le bois, les parents se précipitèrent vers la foire de plaisance de Bidasari, là pour rencontrer le roi. Devant Sa Majesté, ils s'inclinèrent de peur. Le grand roi sourit. "N'ayez pas peur," dit-il, "Mon oncle et ma mère. Allons à l'intérieur pour voir ton adorable enfant. Je fais de vous maintenant mes parents. Nous avons été amis et nous le serons toujours." A côté du roi, ils virent le beau Bidasari assis, comme avec des marches hésitant encore, vers le palais qu'ils cherchaient. Le père aimé était heureux dans son cœur, sa fille était si belle. Elle semblait une charmante princesse du mont Lidang. "Cher Bidasari, enfant le plus doux", dirent-ils, "Derrière le roi, chère fille,

tu devrais te tenir." Elle fit mine de partir, mais le roi la retint quand même :
« Non, ma jolie, » dit-il ; "Ta place est à mes côtés. Ainsi Dieu l'a voulu."
Le plus ancien *mantri* , appelé pour conseil, dit :
"Lila Djouhara, bonne, qu'en dis-tu ? N'es-tu pas contente de voir ta fille
devenir reine ? Quel bonheur t'es venue !" Le marchand s'inclina devant le
roi et dit : « Faites d'elle votre servante, pas votre femme, mon seigneur.
Nous craignons votre glorieuse reine. Elle a toujours montré une
haine terrible envers Bidasari, parce qu'un enfant si charmant pourrait
attirer le roi. " Le monarque l'entendant ainsi parler, se tourna encore plus
vers lui. "Mon oncle", s'écria-t-il alors, "n'aie plus peur. Mais jamais je ne
ferai de ta fille une servante."

Puis il donna
l'ordre de construire un château dans la forêt. Et tous les ouvriers vinrent et
bâtirent là, avec trois remparts. Comme par magie, un palais doré s'éleva. La
porte extérieure était en fer, chargée d'armes et tenue par des démons et par
des Éthiopiens. C'étaient les gardiens des portes, avec des chevaux
indomptés. Les épées dégainées, ils se tenaient en alerte Et attendaient les
ordres du Roi. D'airain Toute ciselée était la seconde porte, munie de
canons et de poudre, gardée en sécurité Par des êtres surnaturels. Le
troisième était en argent, comme on peut en voir au loin en Eirak. La
beauté du château était incomparable ! De loin, il semblait aussi double,
comme un éléphant avec deux défenses en ivoire blanc. Où peut-on trouver
son semblable ? Trois diamants purs reflétaient toute la lumière, Gros
comme un melon. Maintenant le château construit, Le Roi une belle
plaisance désirée Avec des pavillons gais, et toutes sortes de plantes. La
cabine du milieu présente neuf chambres spacieuses, une pour les audiences
royales, ornées et agréables comme un lit de fleurs.

Le Roi
Une fête maintenue pendant quarante jours, Avec des jeux, des sports et
des danses pour se divertir. Et on n'a jamais vu une telle animation ! Tous
ont mangé et bu au son d'une musique douce. Ils se passèrent la coupe
d'amour et burent tour à tour.

Pendant quarante jours y résonnèrent
Les gongs et *les gendarangs* , et les tons joyeux
Des gais *serouni* et *des néfiri* joyeux.
"Comme Bidasari est beau !" s'exclamèrent tous
; " Mille fois plus belle que la reine. Trois fois heureux sont maintenant le
marchand et sa bonne épouse ; par mariage, ils sont alliés à notre grand roi,
bien qu'étrangers au pays. Nous trouvons étrange que le visage de Bidasari
ne ressemble en rien au marchand ni sa femme. Qui sait sinon qu'elle, sous
forme mortelle, peut être un ange beau ? Le marchand a de nombreux

esclaves, mais n'a jamais d'enfants. "Il l'a trouvée toute petite, sur le rivage", dit un autre, "et l'a élevée."

Le roi

entendit toutes leurs paroles. Il pensa : "C'est la vérité. Et je considère cela comme une preuve de sa haute naissance. Elle est certainement noble ou descend du ciel."

Après quatre jours, les épouses
des *mantris* habillèrent la belle jeune fille. Ils revêtirent
Sa forme de doux satins d'Égypte, parsemés d'or, ornés de pierres précieuses incrustées et de nombreuses pierres précieuses. Sa beauté était d'autant plus rehaussée qu'elle paraissait un ange radieux. Elle portait une tunique pourpre et grenade, Avec des boutons en forme de papillons. Elle était ornée d' *un padaka* composé de cinq fermoirs pittoresques
et d'une ceinture appelée *naga souma* . Elle avait de riches boucles d'oreilles en diamants sertis dans de l'or et travaillés d'une manière merveilleuse, aussi brillantes que la lueur du jour ; Une bague des plus merveilleuses et des plus rares qu'elle portait appelée *Astakouna* , et une autre nommée
   Gland kana , et un troisième venu du lointain Ceylan,
Parsemé de pierres précieuses. Ses yeux étaient comme les étoiles des cieux orientaux. Ses dents étaient noires, Son visage brillait comme de l'eau. Son nez ciselé était proéminent et Mike était une fleur fraîchement cueillie. Lorsqu'elle fut habillée, sur un lit de perles, sa mère la déposa. Sa forme était souple, Et blanche, tandis qu'elle s'inclinait, entourée de nombreuses servantes. Le prince était vêtu de son costume royal et éblouissait les yeux de tous ceux qui voyaient. Il portait une couronne royale qui brillait
de diamants, d'améthystes brillantes et claires
et de nombreuses pierres, et tout semblait majestueux. Ensuite, du riz a été apporté. Le roi mangea avec plaisir Et ce qui restait, il le donna aux femmes
des mantris .
Quand tout fut fini , il se parfuma
et regarda sa charmante épouse. Son visage et sa forme étaient charmants. Ses douces tresses frisées
Dans la grâce. Ses yeux gardaient encore la trace des larmes, Ce qui la rendait plus belle. Les plis soyeux des doux rideaux égyptiens tombèrent. Ils étaient seuls. " Réveille-toi, ma chérie, " dit le prince à l'aube, " Couronne de ma vie, réveille-toi, ma jolie. " Alors Bidasari se réveilla et dit en pleurant : « Mon ami, j'ai fait toutes sortes de rêves merveilleux. J'ai vu un grand palmier avec des branches touffues et des fruits tous mûrs. Quand trois jours de plus se furent enfuis et que tout le peuple vit et acclama bruyamment, alors Bidasari prit le rang de reine. Le roi la comblait de cadeaux et l'aimait tendrement. "Oh, vivons et mourons ensemble, ma chère, et, à mesure que les jours passent, pensons davantage les uns aux

autres, et préservons notre amour, comme dans le creux de la main l'huile
se retient et ne tombe pas une seule goutte." Ainsi parla le roi.

Le marchand et sa femme
furent bientôt établis dans le quartier, près du grand palais de la reine
Bidasari. Ils avaient une centaine de serviteurs pour exécuter leurs ordres.
Ils envoyèrent des cadeaux à tous leurs amis, et de la nourriture pour un
mois.

Un certain jour,
Bidasari dit par hasard : « Ô roi, pourquoi n'entres-tu plus dans les portes
de ton autre palais ? En vérité, la reine Lila Sari sera vexée, parce que tu l'as
abandonnée depuis si longtemps. pense que je t'ai gardé à ses côtés, même
si tu ne veux pas partir. Ainsi, avec toutes sortes de mots, la belle Bidasari
s'est efforcée d'exhorter le roi à rendre visite à Lila Sari. "J'irai demain", dit-
il finalement.
Il y alla le matin et rencontra la reine.
Elle le repoussa et, avec des paroles acerbes et amères, lui fit des reproches.
"Misérable, je ne verrai pas ta face. Je ne t'aime pas. Je te déteste. Va !
Gendre de Lila Djouhara, tu n'es pas mon égal. Ta nouvelle épouse est un
singe, qui vit dans les bois. ".

Mais quand le roi
entendit ces vociférations de la reine, il dit : « Branche de mon cœur,
lumière de mes yeux, oh ! ne sois pas fâchée, ma chère. Ce n'est pas moi qui
ai commencé le mal, mais tu as tout causé. tu m'as caché ton acte et m'as
poussé à cette extrémité. Oh, pourquoi es-tu maintenant en colère contre
moi ? Si tu veux mais l'aimer et attacher ton cœur au sien, elle te pardonnera
et te prendra comme un ami." À mesure que la reine devenait de plus en
plus enragée, sa colère débordait de vifs reproches. "Pars d'ici, maudit de
Dieu ! Tu n'es plus mon mari. Va vivre avec celle que Dieu a frappée, mais
que tu prends plaisir à honorer. Autrefois de sang noble tu étais, mais
maintenant plus que de la paille brisée. Tu as besoin n'essaye pas davantage
de me flatter. Même si tu te purifiais sept fois, faux, je ne te permettrais pas
de t'approcher de moi. Le roi se mit en colère et répondit : "C'est toi qui es
méprisable. Tes ruses rusées ne valent plus rien maintenant. Ta jalousie
insensée était sans cause, et tes actes étaient communs. Ton esprit est bien
en dessous de ta beauté. Je te suivrai, si ma protection cesse. ". "Ai-je oublié
ma noble naissance?" elle a demandé.

"Mais tu as eu tort d'abaisser ta haute situation
au profit de gens d'une si basse extraction. Ici et partout ta honte est
connue, que tu es marié à un gadabout. Est-ce pour les princes d'épouser
ainsi l'enfant d'un marchand ? Elle devrait de loin dans le habiter dans les
bois et connaître la destinée la plus mauvaise. » Le roi se contenta de sourire

et dit : « Si cet événement se fait entendre à l'étranger,
c'est toi qui recevras une mauvaise réputation.
Car qui dans tout le pays oserait empêcher le roi de se marier ? Je devrais te
prendre tout ce que j'ai donné. Mais devant le peuple, je n'ai aucune envie
de t'humilier. Est-ce parce que j'ai satisfait tous tes souhaits que tu es
devenu si mauvais ? Ta conduite a été la plus mauvaise, et je suis en colère
contre toi. " Et dans une colère brûlante, le roi se précipita. loin, et se rendit
directement aux côtés de Bidasari.

CHANSON IV

Cette chanson racontera encore une fois le prince
de Kembajat, le plus puissant. Il fut pourchassé par *le garouda* , horrible
oiseau de proie,
et chercha une autre terre. Son chemin il a pris vers Indrapura. À l'aube,
une belle fille est née, une vraie princesse, dans un bateau qui gisait sur un
rivage. La reine et lui l'abandonnèrent et retournèrent au palais royal et
déplorèrent pendant des jours son sort. D'elle, ils n'ont rien entendu. "Hélas
mon enfant !" " Le père s'écria, " ma chère, aux soins de qui es-tu
maintenant ? Nous ne savons pas si tu es mort ou vivant. Ainsi ton père n'a
pas de repos. La lumière de mes yeux, mon amour
, mon or le plus pur, nos cœurs sont déchirés par chagrin. Nous avons eu
un mauvais sort pour te cacher là. Nous nous repentons de cet acte. Penser
que tu es peut-être tombé parmi les gens les plus pauvres ! Tu es peut-être
un esclave ! Le fils du prince remarqua la douleur de ses chers parents, et
fut profondément ému. " Ai-je, " demanda-t-il, " une sœur ? Dites-moi
pourquoi l'avez-vous cachée au loin ? Ne vous souciez-vous pas d'elle ?
Était-elle un fardeau pour que vous deviez l'abandonner ainsi ? La honte ne
remplit-elle pas le cœur de vos parents ? " Mais lorsqu'il entendit l'histoire
dans son intégralité, il dit : « Ô père, laisse-moi aller la chercher, ma chère
sœur. Si j'y parviens , je
te la ramènerai. "Oh, ne nous quitte pas, mon fils", dit le père. "Tu es notre
seul héritier. Comme un oiseau apprivoisé sur nos épaules
, nous t'avons porté et surveillé jour et nuit.
Pourquoi devrais-tu nous quitter maintenant? Oh, ne pars pas. Ne te
tourmente pas à propos de ta chère sœur. Des voyageurs nous aurons de
ses nouvelles, et nous découvrirons sa demeure."

Alors le prince
s'inclina et dit : « Mon père, seigneur et roi, je ne suis que fortifié dans mon
désir d'aller retrouver ma sœur. Laisse-moi maintenant partir et chercher de
ses nouvelles. Le roi répondit : "Eh bien, va, mon fils très cher ; ton cœur
est bon. Même si tu n'es qu'un enfant tu as encore un cerveau." Puis il
convoqua le jeune prince et tous les marchands, et acheta de nombreuses
marchandises et les interrogea tour à tour sur tous les villages et camps

voisins. Ils racontaient volontiers ce qu'ils savaient, car ils aimaient beaucoup le jeune prince. Parmi eux se trouvait un jeune au beau visage, le grand frère adoptif de Fair Bidasari. Au milieu des étrangers, il était assis près du trône ; Son nom était Sinapati. Il était courageux et sage. Maintenant, alors qu'il observait le prince, il pensa : « Comme le visage de ce cher Bidasari ressemble étrangement au sien, comme lorsqu'un roseau est fendu en deux, il n'y a aucune différence entre les moitiés. Il a quitté sa maison lorsque la foire Bidasari est devenue reine. Il pensa à elle et pleura. Le prince l'observa là et lui dit en souriant : « Jeune homme, mon ami, de quelle ville es-tu loin ? Pourquoi pleures-tu si amèrement ? Quelles pensées surgissent en toi et assombrissent ton visage ? Le jeune Sinapati s'inclina et dit : " Monseigneur, je suis venu d'Indrapura, sur un bateau, pour vendre mes marchandises. Pour cela, je ne pleure pas. Mais le chagrin me vient au cœur chaque fois que je pense à ma maison et à mes chers frères, Et mes sœurs."

A ces mots, le prince se réjouit.
Il pensa : « J'apprendrai sûrement de lui des nouvelles. » Il offrit alors des sorbets et des friandises à tout le monde, et la coupe circula depuis l'aube jusqu'à midi, puis les marchands s'en allèrent ;
Mais le jeune prince y retint Sinapati.
Maintenant, il éprouvait déjà une forte affection pour lui et dit : « Mon ami, je suis ému envers toi et je te considère comme un frère bien-aimé. Tu vis à Indrapura, mais qui peut y être ton patron ? Puis, avec un sourire, le jeune Sinapati dit : "Mon patron s'appelle Lila Djouhara, un grand marchand. Il possède six ou sept navires rapides, et il est aux toilettes plus que jamais depuis qu'il a pris Bidasari comme enfant." Deux jours plus tard, le jeune prince accompagna
Sinapati chez son père. "Je t'apporte des nouvelles", dit-il, "mais rien n'est encore sûr. Voici, d'Indrapura, au loin, un jeune de qui j'ai des choses très importantes. Un marchand de Pesara, très riche, ma sœur a dû le trouver. Tout va bien. est d'accord avec ce que tu m'as dit. Maintenant, devons-nous chercher la confirmation de l'heureux rapport. À Sinapati, ils donnèrent de l'or et des pierres précieuses. Alors le roi dit : « S'il en est ainsi, j'enverrai un envoyé portant les cadeaux les plus riches et des remerciements dans une lettre écrite.

Le jeune prince
s'inclina et dit : "Oh, envoie-moi dans cette quête ! J'aimerais voir Lila Djouhara. Peut-être qu'il est vertueux et juste. Si je suis sûr que c'est ma chère sœur, j'enverrai un messager. Et si c'est le cas, je la ramènerai.

Le roi fut ému
D'entendre son fils parler ainsi. « Ô très cher enfant, » dit-il : « Je suis très

réticent à te laisser partir. Mais tu dois emmener beaucoup de cavaliers avec toi, de peur que tu ne sois absent longtemps.

"Pourquoi devrais-je
être loin ?" répondit le prince en s'inclinant ; "Car si Lila Djouhara ne la laisse pas venir, je reviendrai aussitôt vers toi." Le roi ne pouvait plus s'y opposer. Il a donné des ordres pour faire une grande expédition. Avec des présents les plus riches, de la nourriture et des choses princières,
et il l'envoya avec des bénédictions sur la tête.
« Ne reste pas trop longtemps ; tu es mon seul espoir », s'écria le roi ; "Je vieillis, mon fils, et tu dois être mon héritier sur le trône." Ils commencèrent de bonne heure, le quatorzième jour de ce même mois. Et Sinapati chevauchait à côté du prince.

Certains allaient à pied et d'autres
à cheval. Lorsqu'ils furent loin, le prince dit au jeune homme : "Maintenant, écoute, mon ami. Quand nous arriverons , tu ne devras pas nommer ma famille
ni mon rang. Je suis quelqu'un d'une autre ville. Cela ne me plaît pas de déclarer mon rang aux étrangers. Si la fille de ma sœur le prouve ,
tu peux tout dire, car je reviendrai bientôt. Ainsi parlant, le jeune prince maintint sa route, Et arriva bientôt près de la ville recherchée. Il Sinapati partit et entra dans les portes, avec quatre compagnons, vrais comme l'acier, et six serviteurs. Ils se rendirent aussitôt Au *campong* de la bonne Lila Djouhara.
Ils la trouvèrent fermée, avec un air abandonné. "Il n'y a personne ici. Le roi a tout emmené, vieux et jeunes", dit le *mandar* .
Alors Sinapati se frappa la poitrine et dit : « Qu'est donc devenu mon cher patron ? "Ne soyez pas dérangé. Aucun mal ne lui est arrivé. Le marchand avec le roi est parti, parce que le roi a épousé la belle Bidasari, et a fait d'elle une reine, et a construit un beau nouveau palais dans le pays sauvage. Là tout est joie. et bonheur." Au-delà de tout compte, Sinapati était-il heureux d'entendre ces mots. Puis il dit au prince : « Mon gracieux seigneur, Lila Djouhara est à portée de main. Il est en plus grande faveur auprès du roi et porte un titre nouveau. Ils se précipitèrent pour trouver sa résidence. "C'est le *campong de gauche* ",
remarque un compatriote. "Ton seigneur est grand et puissant maintenant, et maître de nous ici. Le roi est maintenant devenu son gendre." Alors Sinapati franchit les portes et y vit sa mère. Son cœur a été touché.
Elle l'embrassa et lui demanda : « Qui as-tu amené ?
"C'est un ami", répondit-il. "Venez, mon seigneur," dit-elle au jeune prince, "entrez et reposez-vous." "Il ressemble tellement à Bidasari", se dit-elle.
"Comment t'appelles-tu, mon brave jeune homme, tu sembles noblement né. En vérité, tu es beau et bien élevé." Alors le prince dit : "Poutra

Bangsawan, je m'appelle. J'ai suivi ton fils ici." Mais Sinapati lui rendit hommage, et ils le connaissaient comme un prince. Devant sa porte, le jeune Sinapati dormait la nuit pour le garder en sécurité. Le lendemain arriva Une invitation de Lila Mengindra (Avant, Djouhara). Alors ils partirent.

Lila Mengindra était assez étonnée De voir le visage du prince si beau. « Qui est ici cet étranger le plus distingué ? Se demanda-t-il. "Mon maître, dis un mot à Poutra Bangsawan, un de mes amis", a déclaré Sinapati. Alors le vieil homme se tourna

et dit au prince : « Viens ici, mon fils, et assieds-toi près de ton père. » Il se sentait attiré par lui, il ressemblait tellement à Bidasari. Le jeune prince sourit et s'assit sur l'estrade .

"Quel est le but de ta visite ?" demanda alors le bon vieillard. Le prince, avec des arcs polis, répondit : "Je ne suis qu'un humble étranger, venu retrouver ma sœur. Je te demande ton aide." " N'aie pas peur, mon fils, mais fais-moi confiance, et ne crains pas de donner le nom de ta sœur. Si tu le veux, je te prendrai pour fils ; je t'aime car tu as un visage si semblable à celui de ma fille. " Alors le brave jeune prince commença Et raconta l'histoire de sa sœur, comment elle était abandonnée sur le rivage en période de stress. "Et si seulement je savais", dit-il, "où elle se trouve maintenant, je serais l'esclave volontaire de son maître." Maintenant, quand Lila Mengindra entendit son histoire, sa joie était indescriptible. Son amour pour le frère de Bidasari grandit. Avec des sourires, il demanda : "Maintenant, Poutra Bangsawan, dis de quelle famille tu es, afin que je puisse t'aider dans ta quête et t'aider à retrouver

ta sœur." Alors le jeune prince baissa la tête

et réfléchit : « Dois-je mentir ? Car il ne savait pas si c'était sa sœur. Lila vit son humeur et dit : "Ne sois pas dérangée. Il est très sûr que ta chère sœur est ici. Dis donc la vérité,

afin que mon vieux cœur soit surchargé de joie. Ta sœur est assise sur un trône, et comme un joyau brillant est sa famille. Ne soyez plus désolé. Quant à moi, mon cœur est plein de joie.

Le prince le regarda en face

et dit : « Puis-je me confier à lui ? Je suis étranger ici et j'ai peur d'être trompé. Sinapati dit : « Ne parlez pas ainsi, je prie, car tout le monde sait que cet homme peut distinguer l'or de dix carats des scories. Maintenant, écoutez, mon seigneur. Bien qu'il me demande de me taire, il est un prince, fils d'un roi puissant, et vient chercher sa sœur. Alors, dans son cœur, l'ancien marchand se réjouit beaucoup, comme s'il avait trouvé une montagne de pierres précieuses pures. Il rendit hommage au prince en bonne et due forme et l'emmena dans sa demeure pour rencontrer sa femme et tout le monde à l'intérieur. Les deux époux lui dirent : « Cher prince, dans notre vieillesse, nous sommes très heureux. Lorsque nous

avons trouvé ta douce sœur, nous étions ravis. Et maintenant le roi l'a épousée et l'a élevée sur le trône. notre famille a-t-elle atteint un rang noble et nous a couvert de bienfaits. Puis souriant dit le prince : "J'apprends avec joie que ma douce sœur est ici. Quand puis-je aller devant le roi et la voir ? Car je suis venu pour la ramener chez moi. Et pourtant je crains que le roi ne la laisse jamais partir. de lui. Quand je l' aurai vue, je reviendrai.
Au bout de trois jours, le roi donna audience. L'ancien marchand emmena avec lui le prince, qui auparavant avait envoyé les cadeaux les plus riches. Le prince était magnifiquement vêtu et se comportait avec une dignité hautaine. Sa robe était riche, sa tunique violette Et feu. Son turban multicolore portait
des agates brillantes. A sa ceinture pendait son kriss.
Il était entièrement habillé comme un prince devrait l'être, et portait des bracelets avec de petites clochettes et des bagues. Ses jambières étaient brodées de fleurs aux couleurs vives appelées *pouspa angatan* . Il semblait divin.
Sa beauté était extraordinaire. Des perles en nombre incalculable couvraient tous ses vêtements ; Une amulette qu'il possédait avec des versets sacrés du Coran, un diamant pur. Il montait Un cheval très richement logé, avec des shabraques ornés de joyaux brillants projetant des rayons de lumière. C'est ainsi que le prince partit à la rencontre du roi. Lila Mengindra l'accompagna. Le prince s'approcha du pavillon du roi, et aussitôt le roi remarqua sa beauté et son air de noble grâce. "Qui peut-il être ?" il pensait. Pendant ce temps, le prince descendit de cheval et parut devant le roi. Sept fois, il s'inclina et dit : « Que ton bonheur augmente, Illustre souverain ! »

Alors le roi, en souriant,
Lila Mengindra demanda : « Qui est celui que tu amènes ici, avec une mine si noble et un visage si aimable ?

Avec une humble révérence,
l'ancien marchand dit : "Votre esclave est venu de terres lointaines, de Kembajat, sur le bord de la mer, depuis qu'il a voulu voir Votre Majesté. Il a envoyé quelques cadeaux devant lui, qu'il espère que vous accepterez."
L'ancien marchand pensa : « Je voudrais divulguer son rang. Mais certains pourraient penser que j'ai menti parce que le roi a épousé Bidasari, et si elle savait qu'elle était née princesse, elle pourrait être très vaniteuse et hautaine.

Le roi était très amical envers le prince .
"Viens t'asseoir ici à mes côtés", dit-il, "je considère pour toi un frère."
"Laissez-moi rester ici, monseigneur, je suis un pauvre serviteur indigne. J'espère que vous me pardonnerez. Je voudrais pouvoir devenir sujet de votre couronne."
Le roi pensa : "C'est peut-être un héritier royal
qui a erré ici. Il ressemble beaucoup à notre Bidasari, c'est dommage qu'il

appartienne à une autre nation." Puis il dit agréablement : " Priez, dites-moi vraiment quelle est votre origine ? Ne cachez rien. Quel est votre nom ? Faites-le-moi savoir toute la vérité. " Le jeune prince l'inclina profondément et dit : "Je m'appelle Poutra Bangsawan, de famille Très humble. Je cherche partout Pour retrouver une sœur perdue. Quand elle sera retrouvée, je reviendrai immédiatement." Alors le roi dit : "Où est ta sœur ? Je t'aiderai dans tes recherches. Reste ici avec moi un mois ou deux, afin que nous puissions apprendre à nous connaître et devenir rapidement amis." Le jeune prince fit alors hommage et dit : "Je porte tes ordres sur ma tête. Tu es un roi illustre, et moi un humble serviteur. Je suis le fils de la bonne Lila Mengindra, mais je suis absent depuis longtemps. Ma chère sœur Je cherche.

Ton aide, je te le demande. Je viens de Kembajat, sujet de ton père là-bas, le roi. Pardonne-moi, seigneur, car maintenant tu sais tout. Le roi se réjouit d'entendre une voix qui ressemblait tellement à celle de Bidasari et demanda à Sinapati : « Dis-moi maintenant sa race. Alors Sinapati s'inclina et dit : " Monseigneur, Des princes et des califes est sa race. Son royaume, pas encore loin, est le plus superbe ; Son palais est le plus beau et le plus grand. Des navires rapides se trouvent dans le port, tous bien équipés. " Le roi fut alors enchanté : trouver un prince était le frère de sa femme. Il demanda encore davantage et Sinapati répondit : « Parce que son royaume a été ravagé par l'ennemi, il a subi de multiples malheurs. » Alors il connut le roi, il était de sang royal et avait connu l'adversité. Le roi descendit de son trône et dit : « Mon ami, entre dans mon palais. » Alors le roi et le prince entrèrent. Ils y rencontrèrent la belle Bidasari. Elle était assise à côté d'une fenêtre chinoise pittoresque,

toutes soigneusement sculptées. Elle vit le roi et pensa :

« Quel beau jeune homme amène-t-il ici ? Lorsqu'ils furent tous assis, le jeune prince regarda Bidasari : « Elle est belle, pensa-t-il, ma chère sœur et très semblable à mon père. Alors le roi, au visage souriant, dit : "Bidasari, chéri, parle-lui. C'est ton jeune frère, viens te chercher ici. Il est venu de Kembajat. Et ton cher père te pleure toute une journée." A cette foire, Bidasari soupira. Elle baissa la tête et le silence resta. Elle fut très émue parce qu'elle ne connaissait pas la vérité sur ses parents, mais les aimait Djouhara et sa femme. "Je ne suis qu'une fille de marchand", dit-elle finalement. " Des choses toutes incertaines que ce jeune prince a racontées. Si je suis la fille d'un roi, pourquoi m'a-t-il laissé ici et ne m'a-t-il jamais cherché pendant toutes ces années ? Ce n'est pas si loin d'ici à Kembajat. " Le jeune prince s'inclina. "Je porte tes paroles sur ma tête", dit-il, "Ô sœur chérie. Je t'en prie, bannis de ton cœur toute haine. Si tu es de naissance modeste, je le suis également. Notre royaume a été ravagé à ta naissance. Mais peu de temps après, une paix juste Il revint, Et mon père revint dans les siens. J'ai vu combien il souffre dans son cœur. Il ne prononce jamais ton nom sans pleurer. Il ne t'a jamais oublié. Pardonne-lui donc ce qu'il a négligé. Sauf pour nécessité sévère, il ne t'aurait jamais abandonné.

Alors le roi

dit en souriant : " Parle-lui, ma chère. Il dit la vérité. Tes parents erraient dans un pays désert sous un soleil cruel. Il était impossible de te transporter à travers les ronces et les broussailles. " Aux pieds de sa sœur, le jeune prince s'agenouilla. Puis Bidasari le serra dans ses bras. Le brave jeune prince leur raconta toutes les peines de ses parents. Il pleura beaucoup, Et ils pleurèrent aussi, comme il le racontait. Puis ils s'assirent pour dîner. Et ensuite

, ils prirent *Siri* et des parfums de toutes sortes.

Alors le jeune prince prit congé. "Où vas-tu, mon frère?" demanda le roi. "Je voudrais rentrer directement chez mes chers parents", dit le prince. Mais, d'une voix affectueuse, le roi répondit : " Ne cherche pas Lila Mengindra. Tu devrais rester ici, car tu as rencontré dans ce palais ta chère sœur. Il y a assez de place pour toi. Reste ici avec tout ton peuple et ta suite. " Le prince s'inclina profondément et alla vers le marchand et lui dit : "Maintenant, je resterai dans le palais avec toute ma suite, car ainsi le roi l'ordonne." Le marchand dit : "C'est très bien, car où peut-on mieux loger que dans le palais ?" Le prince retourna donc avec tout

son peuple au palais du roi. Puis tous les *mantris* sont venus, et des festivals et des fêtes ont eu lieu. Tant qu'il resta à Indrapura, le jeune prince reçut toutes les courtoisies. Et la belle Bidasari était connue comme la fille d'un roi puissant. La nouvelle se répandit partout, et tout le monde répétait comment son courageux frère était venu la chercher.

La reine Lila Sari a entendu

et a été surprise. Elle soupira dans la solitude, Et ressentit un malheur indicible. Elle dit à un *Mandar* : "J'étais trop pressée.

Sur les *dyangs* j'ai compté, mais ils

ne viennent plus. Tous les quatre sont partis et hommage rendu à Bidasari. Tous mes tours sont déjoués. Je ne peux faire confiance à personne." Dang Lila s'est alors approchée et a dit : "Les actes d'infidélité n'apportent jamais le bonheur. Dieu est du côté

de la loyauté. Maintenant, ces *dyangs* sont tristes

et languissent après toi, mais craignent le roi, ne penses-tu pas, ô reine, que tu as mal fait ? Car pendant que le roi est absent, personne ne viendra ton cœur pour applaudir. » La reine répondit avec colère : " Ne cherchez pas à me consoler. Le roi ne m'estime pas. Je ne m'humilierai pas devant lui. Qui est ce jeune prince,

ainsi appelé, qui est venu ici ? Le fils d'un pirate

, il peut bien le prouver, et se dit prince. Allez, *dyangs* , rendez service au roi, et il pourra vous favoriser comme il l'a fait pour elle. Elle semblait très en colère. Mais elle se repentit douloureusement, en vérité, et se languit d'un profond chagrin. Autrefois, elle n'avait ni souhait ni caprice. Insatisfaite. Désormais, tout était pour le roi. Le cœur de la Reine s'irritait de jour en jour Comme si une piqûre de scorpion l'avait blessée. Et sa détresse grandissait en pensant à l'amour d'autrefois. Son cœur était inconsolable parce que la pompe et la gloire de sa cour lui manquaient si amèrement. Mais Bidasari dit un jour au roi : « Renvoyez ces *mendars* ; car s'ils restent tous ici, la reine Lila Sari le sera toute seule. Le Roi répondit en souriant : "Oh non ! Je ne les laisserai pas partir. Elle est tellement déchue Et barbare, personne ne l'aime. Elle est bien meilleure toute seule." Alors au roi Fair Bidasari dit : "Ta colère était trop prompte. Elle a parlé avec colère parce qu'elle était habituée à une cour. Que t'a-t-elle manqué, pour que tu la repousses ainsi ? Tu lui as donné de l'amour, et maintenant tu l'abandonnes dans le chagrin. Ne sois pas ainsi irrité contre elle, car si elle venait à manquer, la honte se refléterait sur ta tête. Le visage du roi s'éclaira et il dit : « Ma chère, je suis allé la voir, mais elle m'a chassé avec des paroles amères. Sa conduite était insupportable. Et elle m'a injurié. Mais la princesse Bidasari dit : "Ne t'attarde pas là-dessus, mon ami. Elle était dérangée par la colère et la jalousie. Autrefois, tu l'embrassais et l'embrassais. Maintenant, elle est seule. Et tu as peut-être blessé ou meurtris son corps d'une manière ou d'une autre." Toute sa colère quitta le roi. Il dit : " Ô âme la plus pure, tu parles bien et avec sagesse. Comment pourrais-je ne pas t'aimer, ma chère, et m'accrocher à toi pour la vie ? Oh, nous ne pourrons jamais nous séparer ! Branche de mon cœur, lumière de mes yeux, tu le fais

.

Mais bon désir. Tu es tout pour moi. J'irai vers elle, puisque tu le demandes. Peut-être qu'une réconciliation peut être faite. Mais elle doit d'abord admettre ses fautes. Si elle se repent, je la verrai. aller." La femme du marchand était venue entendre ces paroles. Ses larmes chaudes coulèrent. Elle pensait en elle-même : « Ma fille n'a aucune vengeance dans son cœur. Ensuite, Dang Bidouri a apporté du riz délicieux au roi et à la reine. Ils mangèrent et burent, Et leur amour grandit d'heure en heure. Puis il donna au roi l'ordre d'appeler le prince. Il est venu avec un visage souriant et des courbettes gracieuses. "Asseyez-vous ici à côté de nous", dit le roi, et tous les trois y dînèrent ensemble, les royaux, entourés de serviteurs habiles et *de dyangs* .
Ils causaient gaiement et mangeaient en riant. Quand tout fut fini, le roi de *Siri* sortit de la boîte à bétel, se parfuma,
puis le prince se retira.

Après deux petits mois
de fuite, le prince se souvint de sa maison et de ses parents. Il se dit : « J'y vais ». Il donna l'ordre de préparer son départ. "Je répugne à quitter ma sœur", a-t-il déclaré à Sinapati. "Ma vie est joyeuse ici. Mais là-bas, à la

maison, j'ai laissé mes parents dans la sollicitude." Alors Sinapati s'inclina et
dit : « Avec toi, j'irai. »

CHANSON V

Un certain jour, les *mantris* vinrent
devant le roi, dans le grand pavillon. Et avec eux vint le jeune prince et se
jeta devant le trône. Le roi dit en souriant : « Asseyez-vous à mes côtés,
mon cher frère, je ne vous ai pas vu depuis un jour entier. Le prince
s'inclina et dit : « Mon gracieux seigneur, si tu me pardonnes, je reviendrais
et donnerais la joyeuse nouvelle à mes chers parents.
Mon père m'a ordonné de rechercher ma sœur perdue,
et pourtant il ne sait rien de son bon sort. Le roi répondit avec tristesse : «
Mon frère, pourquoi pars-tu si tôt ? Nous nous connaissons à peine, et je
n'ai pas eu assez de ta chère compagnie. Le prince répondit : "Oh, ne soyez
pas triste, mon gracieux seigneur. Dès que j'aurai vu mon cher père, je lui
dirai les bonnes choses qui se sont produites. Cela apaisera son cœur
d'entendre la joie de ma sœur. Mes parents Je serai heureux d'apprendre
toute ta bonté. Et, je t'en prie, considère-moi comme ton sujet leal. Bientôt,
je reviendrai. L'émotion du roi grandit. D'une voix agréable, il dit : « Prends
conseil avec ta sœur. Fais attention à ce qu'elle peut dire. Ils trouvèrent la
reine à l'intérieur, Fair Bidasari, et l'accompagnant Dyang Agous Djouhari.
Tous s'assirent et prirent du *siri* dans la boîte à bétel.
La reine s'adressa alors au jeune prince : « Viens ici. Mon frère, pourquoi
n'ai-je pas vu ton visage depuis deux longs jours ? Avec des arcs, le prince
répondit : "J'ai eu une multitude de choses à faire. Ainsi je ne suis pas venu ;
car mes compagnons cherchent tous à rentrer chez eux pour revenir. Je
dois donc prendre
congé de toi le lendemain matin, quand pâlit la lune d'argent. avant l'aube."
La reine fut affligée d'entendre ces paroles et versa un flot de larmes. Son
cœur tendre a été touché. Hors d'elle-même, elle s'écria : « Ô prince illustre !
Comment peux-tu partir, depuis que nous nous sommes rencontrés ? Je t'ai
aimé depuis le moment où j'ai su que tu étais mon frère. Je dois être de
basse extraction ! C'était mal de ta part de t'appeler mon frère. Je suis un
pauvre et faible orphelin, et comment devrais-je mériter l'amour d'un grand
prince ? En entendant cela, le prince baissa la tête et fut très troublé. "Ma
douce sœur," dit-il, "ne t'afflige pas ainsi. Je reviens seulement parce que
nos parents doivent être si inquiets. Je t'aime tellement, ma chérie, que mon
cœur est presque brisé. Si tu me parles ainsi,
ma
chère , mon chagrin va encore augmenter. Je ne pouvais pas te quitter, mais
je dois respecter les souhaits de nos parents. Ils m'ont ordonné de se
dépêcher. Alors, doux, je te prie d'avoir compassion de moi.

Très troublé, le Roi
Constata le chagrin de la princesse belle. Il lui baisa les lèvres, lui donna un
sepah , et dit d'une voix tendre : "Ma femme chérie, que veux-tu ? Laisse
partir ton frère maintenant. Nous reverrons tes parents ici d'ici quelques
jours." La reine pleura amèrement et lui dit : « Je ne m'oppose pas à ses
souhaits. Qu'il fasse ce qu'il lui plaît de faire. Car je ne suis qu'un étranger,
un enfant perdu, et qui devrait penser à moi ou m'aimer. vrai?" Alors le
prince s'inclina et dit : « En vérité, je sais que tu es ma sœur. Ne parle pas
ainsi. Dieu sait combien je t'aime, ma sœur. Si tu ne me permets pas de
partir, je ne résisterai pas. " Je suis heureux ici avec toi, mais nos chers
parents sont dans un doute cruel et cherchent des nouvelles de toi.
Maintenant que je sais que ton mari est roi, nos chers parents seraient si
ravis de l'apprendre aussi ! " Alors le roi parla avec un visage tout radieux : «
Ne reviens pas, mon frère », dit-il. "J'enverrai des messagers rapides pour
apporter la bonne nouvelle que Bidasari a trouvé. Ensuite, s'il le souhaite,
nous espérons voir votre royal père ici. J'irai moi-même à sa rencontre
quand il viendra." Le jeune prince s'inclina et dit : "Non, envoie plutôt tes
messagers, un grand roi ne peut pas aller si loin." La reine Bidasari entendit
ces paroles et se réjouit beaucoup, et donna gaiement à son frère sa boîte à
bétel.

Le roi
caressa sa femme et dit : « Ma très chère âme, n'aime pas ton frère plus que
moi. » Il a appelé Lila Mengindra. Bientôt, le marchand vint devant le roi et
le prince. Le roi s'écria :
« Viens ici, mon oncle. Dis-moi, veux-tu apporter
une lettre au roi de Kembajat — Pour lui prouver que nous vivons ?

Ainsi parla le roi
et appela son conseiller d'État, qui vint et lui baisa les mains. Le roi lui
ordonna alors d'écrire une lettre, toute en caractères d'or. "Eh bien", s'écria
le roi, "écoutons la lettre maintenant", "Maintenant gloire à Dieu",
commença-t-elle ainsi, et toute la belle histoire de Bidasari récitée. Alors le
roi, une armée puissante, se rassembla et avec des éléphants et des chevaux,
dix *mantris* apportèrent la lettre du prince
à ses parents. Avec la cavalcade partait un grand *laksimana* , qui portait,
en tant qu'ambassadeur du roi, des drapeaux et des étendards ornés de
bijoux riches et des cadeaux de grande valeur. Alors Sinapati par le roi fut
appelé A *laksimana mantri* , et reçut
un bel équipement, avec une centaine d'hommes pour le suivre. C'est ainsi
que le roi préserva sa réputation de roi puissant.

Après avoir envoyé l'ambassade, le roi
se rendit chez sa femme, et ils furent très gais. Son amour pour elle
grandissait chaque jour. L'ancien marchand était également aimé. Il donna

de bons conseils au roi et obéit volontiers à ses ordres. Il dînait souvent avec le roi et la reine. Sa richesse est devenue immense. Personne ne pouvait rivaliser avec lui, à Indrapura. Il était très attaché au *mantri principal*. Ils étaient égaux tous deux

en prudence, en sagesse et en fidélité, avec un pouvoir incontesté sur tout le peuple. Sous leur influence, la prospérité augmenta, et de nombreux marchands vinrent de partout. Le royaume était en paix. Le roi se réjouit, et tout le monde était heureux dans le pays.

CHANSON VI

Le *laksimana mantri* maintenant je vais chanter,
Qui est allé à l'ambassade. Dès
que le grand roi de Kembajat eut la nouvelle
de son arrivée, il se réjouit beaucoup. Il l'a dit à la reine et l'a attendu dans la salle d'audience. Puis sortirent les officiers avec des éléphants et *des payongs*. Une foule innombrable
y assistait, avec de la musique et des drapeaux. Ils rencontrèrent l'ambassade et, avec de riches cadeaux, ils donnèrent les ordres du roi. Dans la ville Puis tout est entré. Le roi était très content, comme si sa fille unique était revenue. Tous s'inclinèrent devant le roi, qui prit les cadeaux, tandis que les serviteurs apportèrent la lettre au chef des *mantris*. Et il le donna au roi. Le monarque lut et fut possédé de joie. Il ne pouvait pas assez remercier le bon marchand, Qui a élevé sa fille au trône royal. Il voulut immédiatement aller voir son enfant. La lettre d'invitation cordiale a été donnée. Mais une chose le troubla : « Il demanda directement : « Le prince, mon fils, n'a-t-il pas la liberté de rentrer chez lui ? » Le *laksimana* s'inclina
et dit : « Le roi ne voulait pas le laisser venir et le supplia en larmes de le prier. resterait. La reine craignait que si son frère partait , elle ne verrait jamais
son père. De la part de vos deux enfants, j'apporte des salutations chaleureuses. Une aimable indulgence de votre cœur. Ils demandent et insistent sur leur invitation. J'ai besoin de pardon pour moi-même, ô roi, et J'espère que tes enfants bien-aimés verront le visage de leur père et que les royaumes pourront devenir un seul royaume. A ces mots le roi sourit. "Et bien!" il a dit : "J'attendrai encore sept jours." Alors les questions volèrent, Et le grand roi apprit tout sur son enfant.

mantris Indrapura s'est effondré
quand le soir est venu. Le roi leur a attribué un grand palais séparé, avec la meilleure nourriture. Il donna des ordres pour de grands préparatifs. Il dit à la reine : « Dans sept jours, ma chère, j'espère commencer, car je n'aurai pas la paix tant que je n'aurai pas vu notre enfant chéri. » Puis il y rassembla tous ses *mantris*,
jeunes et vieux, avec des éléphants et des coursiers. Et tout était prêt pour

partir, comme il l'avait souhaité.
Tandis que les étoiles du matin scintillaient encore,
Le gong royal résonnait à plusieurs reprises. Les gardes bondirent de joie.
Les officiers sortirent et prirent leurs brillants heaumes de guerre. Leurs
épées nues brillaient toutes. C'est ainsi qu'ils formèrent la brillante cavalcade
royale. Leurs drapeaux et bannières flottaient dans les airs. Tous ceux qui
restaient étaient tristes, comme si un couteau les avait coupés. Tous
marchaient ensemble, Les lanciers et les cavaliers, et ils semblaient Une ville
mouvante. Bientôt, tout s'assombrit La lune, comme quelqu'un de triste.
Les épées et les lances brillaient comme une île au milieu de la mer. Ainsi
est décrite
l'escorte royale marchant à travers le pays. Le roi était monté sur un
éléphant, son porteur *de siri* assis juste derrière.
Un riche *payong* de royauté, tout trompé
de cloches, était étendu au-dessus de sa tête, et les tambours et autres
instruments sonnaient sans cesse. Ainsi partit le roi,
et bientôt il arriva à Indrapura.

Lorsqu'il s'approcha,
il s'arrêta et immédiatement un envoyé envoya sa venue pour annoncer,
avec le *mantri laksimana* . "Puissant Roi",
dirent-ils, "ton royal père est arrivé." Le roi et ses hérauts ordonnèrent alors
d'appeler Lila Mengindra. Avec un sourire, il lui dit : « Rassemblez sur la
place le peuple et l'armée. Qu'ils viennent directement à mon pavillon, et
tous en tenue de fête, car moi, mon père, je dois me rencontrer aujourd'hui.
Lila Mengindra s'inclina et le fit sortir pour exécuter les ordres du roi. Le roi
entra dans son palais et s'assit sur un siège orné de pierres précieuses. La
Reine était là, Et la bonne Lila Mengindra à ses côtés. Le roi dit en souriant
: " Lumière de mes yeux, que tout le palais soit décoré. Rassemblez tous les
gens du palais et toutes les jeunes filles. Pour l'instant, sans portes,
nos parents attendent. Demain, j'irai
à leur rencontre. " Alors la reine Bidasari s'écria,
avec des sourires : "Mon frère, ils sont venus voir. Je ne peux pas aller
devant eux et me déclarer leur fille." Mais le jeune prince dit : « Oh ! ne
parle pas ainsi, ma sœur, mais écoute ce que je te dis, et ne te fâche pas. Si je
suis le seul qu'ils aiment, seul je les accompagnerai. " Puis il dit au roi : «
Avec ma chère sœur, je ne fais que plaisanter, pour apaiser ses alarmes. » Il
s'inclina devant le roi et demanda la permission d'aller immédiatement à la
rencontre de son père. "Non," répondit le roi, "nous y irons ensemble." Un
repas était servi avec toute sorte de nourriture. Les trois royaux ont mangé
ensemble. Puis ils prirent *Siri* de la boîte à bétel et utilisèrent des parfums
doux.
Le prince sortit alors du palais. Le lendemain, le roi l'invita à se mettre en
route avec lui sur les progrès royaux. Toutes les banderoles flottaient et tout

le monde était content. Puis il dit à la reine : « Reste ici, mon amour, et j'amènerai ici ton père bien-aimé. Ces paroles réjouirent la reine. Elle dit : « Vas-y, ma chère, et je te suivrai des yeux. » Le roi prit ensuite congé du jeune prince, suivi de nombreux *mantris* . Les accents
d'une musique joyeuse résonnaient. Toutes les cloches sonnèrent, et celles sans cavalcade furent tristes.

Bientôt ils arrivèrent à la frontière,
et le roi rencontra le roi. Les gens de Kembajat furent tous étonnés du visage du jeune roi, aussi beau qu'un chef-d'œuvre de peintre. Le vieux roi regardait tout le monde avec des sourires. Sa joie était grande. Le roi d'Indrapura s'inclina respectueusement et leur fit apporter l'éléphant qui portait sous le gay *payong*
le père de son épouse. "Fils, où vas-tu?" "Je suis venu te chercher." Alors le vieux roi dit : « Pourquoi es-tu venu en personne ? Cela aurait suffi si tu avais envoyé *des mantris* à la place.
Sa joie débordait de son cœur. Il aimait beaucoup son gendre. Sur son éléphant,
il dit : « Approche, mon fils, tu es un roi
renommé. Ton corps et ton âme sont tous deux pareils et tous deux de souche royale ! Il le serra dans ses bras et dit : « Lumière de mes yeux, Dieu Tout-Puissant a entendu mes nombreuses prières et m'a accordé un gendre parfait. » Le roi d'Indrapura s'inclina et sourit gracieusement. Alors son père dit au jeune prince : « Monte, mon fils, à côté de moi, ici. Le jeune prince monta aux côtés de son père. Il était aussi beau que de l'or ciselé.

Dans la ville, les rois entrèrent alors
au milieu d'une foule joyeuse. Lorsqu'ils furent arrivés, L'ancien marchand s'inclina devant eux deux, Le *mangkouboumi* maintenant. Le puissant roi d'Indrapura s'inclina et dit : « Mon père, parlez ici à mon oncle ; car il a élevé votre fille. A peine le vieux roi eut-il entendu ces paroles qu'il s'écria avec joie : « Viens ici, mon frère, faisons maintenant connaissance. Le vieux roi, assis sur son éléphant, répandait autour de lui des rayons de bonheur, et tout le monde était très ému. "Voici mon frère bien-aimé", dit-il, et il lui baisa le front. "Comme son amour a été grand, sa fidélité s'est révélée sans comparaison." L'ancien marchand s'inclina et répondit au roi : « Je suis ton esclave, ô roi, et je porte tes ordres sur ma tête. Tu accableras ton serviteur de ta faveur. Puis, sur le trône royal, entièrement orné de pierres précieuses, le vieux roi était assis, le jeune prince à ses côtés, avec tous les *mantris.* près .
Puis vint la Reine
Consort. Le prince et la belle Bidasari sortirent de leurs sièges pour recevoir leur mère. Tous entrèrent alors dans le palais. La jeune reine Fair Bidasari s'inclina et fut embrassée par ses deux parents. Avec un flot de larmes, son père dit : "Hélas, mon enfant chéri, Fruit de mon cœur, lumière de mes

yeux, ne garde pas dans ton âme une haine contre nous maintenant. La volonté de Dieu est maintenant manifestée. Nous sommes séparés depuis longtemps. "Enfin, nous nous voyons de nos propres yeux.
Nous avons eu grand tort de t'abandonner ainsi, mais ne laisse toujours pas ton cœur étranger à nous. La paix est venue plus tard dans notre chère terre - tel était notre destin. Que pourrions- nous
faire ? Nous étions en fuite. Nous avons pensé : « Que Dieu décrète qu'un homme honorable la trouvera ici ! Comment pouvons-nous maintenant être assez heureux que cela ait été ainsi ordonné ! Quelle récompense pouvons-nous offrir ? » La douce Bidasari a pleuré en se rappelant le passé. Le roi son époux fut très ému, et eut une grande pitié en voyant ses larmes. Et tous étaient tristes de tristesse mêlée de joie, parce qu'ils savaient qu'elle était de naissance royale. La nourriture fut alors servie, et rapidement les *dyangs*
apportèrent des plateaux aux princes. Les deux rois mangèrent du riz jusqu'à en être rassasiés, puis l'offrèrent à leurs enfants. Tous prirent le *siri* placé devant eux, et
se oignèrent aussitôt de parfums rares et doux. Quand tout le monde eut mangé, les cinq royales Lila Mengindra appelèrent et lui donnèrent les restes du festin. Les rois parlèrent alors à lui et à sa femme. Ils s'inclinèrent tous deux et baisèrent les mains royales. Alors le roi de Kembajat dit : « Mes enfants, j'avais prévu — au cas où nous nous rencontrerions un jour sur terre et avant que la proie de la mort ne devienne — une fête à offrir, qui durerait un mois, et à laquelle vous y invitez. En triomphe, je suis mon Je voudrais immédiatement me rendre sur l'île de Nousa Antara, et là j'organiserais une fête royale avec tous les membres de notre famille, et tous les *bitis* , *mandars* et *dyangs* .
" C'était mon plan - si jamais je trouvais ma fille chère. Maintenant, pendant que dure cette lune, laisse-moi réaliser ce projet avant que tes parents ne meurent. "

Le gracieux roi
d'Indrapura à ces paroles s'inclina profondément et dit : "Je porte tes paroles sur ma tête. Cela sera fait comme tu l'as souhaité, mon roi."
Et le soir venu, tout était prêt.
Des matelas moelleux furent étalés, et les deux reines les emmenèrent dans leurs chambres, et les riches rideaux égyptiens tombèrent. Ils cherchèrent vainement à dormir. Ils parlèrent ensemble de leurs chagrins passés et de leurs mauvais jours. Et ni les rois ni les reines ne purent dormir cette nuit-là.

Au point du jour,
l'oiseau qui parle se mit à chanter et à bavarder. Un peu plus tard, les *bajangs* commencèrent

leur chant. Alors tous se levèrent, se baignèrent, rompirent leur jeûne,
bavardèrent et s'amusèrent. Le roi d'Indrapura donna alors la parole au
mangkouboumi : « Tous préparent

ce qui est nécessaire, avant que la lune ne soit pleine. Préparez toutes sortes
de navires, et chargez-les de toutes sortes d'armes. Préparez toutes sortes de
jeux pour passer le temps, et mettez en ordre tous les grands canons et les
armes à feu. Ainsi commande le roi.

Aussitôt
le *mangkouboumi* s'inclina devant le Roi,
Et suivit ses ordres d'obéir. Il a préparé les navires, avec de la nouvelle
peinture et de l'or. Quand trois furent bien équipés, il embarqua les gens de
la ville. Tous les vieux furent laissés derrière, mais aucun des jeunes ne resta.
Alors le *mangkouboumi* dit
au Roi : « Tout est prêt ». À cela, le roi se réjouit, et envoya un message au
roi de Kembajat, qui en informa sa femme, et elle était toute embrasée. Ils
partirent du palais, les rois, la reine, le prince et le charmant Bidasari,
accompagnés de tous les courtisans. Les accents de la musique résonnaient
et les cloches sonnaient. Tous ceux qui devaient rester chez eux étaient
peinés comme si un couteau les avait frappés. Les canons rugissaient ; les
bannières royales flottaient.

En trois jours de navigation, ils atteignirent la foire de l'île,
De Nousa Antara, et les navires amarrèrent. Les deux reines s'assirent et
regardèrent les adroits *dyangs*
prendre le corail blanc et rose et jouer
avec de jolis coquillages. Le roi mit le pied sur
l'île de Nousa Antara. Le roi et sa chère épouse sortirent sur le rivage, avec
leur douce fille Bidasari pure. Le roi d'Indrapura les accompagna. Le prince
marchait près d'eux sur la gauche.

Le roi
d'Indrapura ordonna qu'une tente soit dressée, et une fut construite. Il était
aussi grand qu'un palais, doté d'un trône royal. Les deux reines y entrèrent
et cherchèrent du repos. Le prince devant son père s'inclina et dit : « Mon
royal père, laisse-moi aller chasser. A cela le roi de Kembajat répondit : «
Fais ce que tu désires, lumière de mes yeux. » Le roi d'Indrapura dit en
souriant : « J'irai avec toi chasser, mon cher frère. Le prince répondit : « Je
serai en vérité charmé, mon frère. » "Nous partirons demain matin",
répondit le roi d'Indrapura. "Rassemblez les gens."

Quand l'aube parut,
le roi et le prince partirent ensemble, escortés par une bande de chasseurs
essayés, et battirent les bois pour le gibier. Le roi, le prince et tous ceux qui
les suivaient firent un travail rapide. Le jeu a pris son envol. Le roi tira alors

son arc et de nombreux animaux furent tués. Un cerf est venu en courant. Sa flèche l'atteignit en plein sur l'épaule, et les chasseurs s'en emparèrent et le tuèrent rapidement. Dans les bois sans chemin de Nousa Antara, il y avait beaucoup de gibier. Un tigre rugit, le roi et le prince les poursuivirent. Le tigre s'enfuit rapidement. Le prince s'assit Au fond de la forêt. Il était incapable de dépasser la bête. Pour revenir, il chercha, mais ne put trouver le chemin. Il était seul et perplexe, car il ne pouvait plus distinguer ses chasseurs. Puis, errant de long en large, il trouva enfin Un jardin d'agrément d'autrefois, Appartenant au roi Lila, beau

Et sans défaut. Il fut tout étonné

lorsqu'il aperçut un palais. Il se retrouva tout seul lorsqu'il y fut entré. Il se promena, mais ne trouva personne vivant. Il se dit : "Ce domaine Une habitation peut-il être habité par des démons redoutables et des esprits ? Est-ce que cela peut être la cause de toute la solitude qui y règne ?" Il regarda alors de tous côtés. Tout à coup, une voix qu'il entendit, mais que personne ne pouvait toujours voir. Étonné, il se leva. La voix mystique s'est exclamée : « Aie pitié, seigneur, et libère-moi de cette pièce. » Comme dans un rêve Le prince entendit ces accents. Il répondit alors : "Qui es-tu ? De qui est cette voix étrange que j'entends, alors que je ne vois personne ? Appartiens-tu à la race des démons et des spectres ? Où est la clé pour que je puisse ouvrir la porte ?" Alors le *dyang* de Mendoudari dit

au prince : "Regarde vers la gauche, car là tu trouveras la clé qui ouvre la tour du palais." Il prit la clé et ouvrit grand la porte. Tous ceux qui étaient à l'intérieur, voyant le visage du prince, se prosternèrent à ses pieds. Le prince leur cria : « Dites à quelle race vous appartenez. Dites-le vite. Et à qui appartient ce beau palais ? » Alors lui répondit Dang Tjindra Melini : « Ô prince royal, nous sommes les créatures de Dieu, comme toi. Et ce beau palais du roi Lila est maintenant occupé par Ifrid, un roi-esprit, avec qui vit désormais le prince illustre, Lila. Sa fille, la princesse Mendoudari, est enfermée seule dans une chambre ici, et Ifrid, roi des esprits, vient souvent. Il vient tous les trois jours. Ses yeux sont brillants comme le soleil. Quand il entendit cela, le prince fut content. La pièce dans laquelle il entra alors. La princesse Mendoudari cherchait à fuir. "Où irais-tu, mon ami", dit-il. "Je t'ai cherché et trouvé. Ne fuis pas loin de moi." La princesse Mendoudari dit en pleurant : "Et es-tu assez fou pour venir ici ? Les esprits te détruiront sans aucun doute."

Ces paroles réjouirent le prince, et il lui

chanta alors une douce chanson d'amour et de courtoisie. La princesse répondit par un chant rêveur. Et quand le jeune prince entendit sa douce parole, il ressentit une profonde pitié pour son sort. « N'ayez pas peur, ma chère, dit-il, car je triompherai de tous vos ennemis. » Ensuite, Dang Sendari leur a servi de la nourriture délicate ; Et ce qui restait, la princesse le lui donna. Le prince aussi *siri* de la boîte à bétel

Et des parfums doux et rares utilisés. Le soir venu, un canapé moelleux fut étendu pour le prince. Et puis la princesse chercha sa chambre, et les rideaux se tirèrent d'une riche étoffe égyptienne. Le prince avait demandé : « Quand viendra le roi des esprits ? Et elle avait dit : « Au petit matin ». Le jeune prince ne pouvait pas dormir, mais pendant les longues heures de la nuit chantait de doux *pantoums* .

Quand le jour parut, le prince se leva. Il entendit Un esprit venir au palais. Alors la princesse fut saisie de peur. «Voici», s'écria-t-elle, «Il vient.» Alors le jeune prince prit ses armes. « N'ayez crainte, » dit-il ; "Aie confiance en Dieu. Ce qu'il décrète doit toujours s'accomplir. Si je suis détruit, alors suis-moi dans la mort. Je ne te demande qu'une chose, mon amour. Quand je serai mort, je te prie, pleure pour moi, Et que ton manteau soit mon suaire. Maintenant, laisse tes regards me suivre pendant que je pars.

Je vais parler d'Ifrid maintenant, le roi des esprits.

Il se cachait sous le palais. Lorsqu'il entendit la princesse parler avec le prince, sa colère s'éleva comme une flamme brûlante. Son cri était comme un coup de tonnerre. Le palais lui-même trembla. "Partez d'ici", rugit-il au prince, "et ressentez ma toute-puissance." Puis il sortit de douces chansons d'amour, échangeant avec la princesse. Son expression ressemblait à celle de Sang Samba et son visage était noblement ferme, comme s'il allait à la rencontre d'un tigre rugissant. À ses côtés, il portait une épée rare et charbonnée, et des flèches portaient des pointes trempées dans un poison mortel. Ifrid, La créature à deux têtes, comme un spectre, est venue Avec un rire horrible. Il prit une pierre

et la lança sur le prince, qui esquiva sa fuite.

Alors, pleine de colère, Ifrid se précipita sur lui. Mais aussitôt le prince décocha une flèche pointue, et lui transperça le cœur. Un gémissement, puis il tomba, Et mourut au bord de la rivière. Alors le prince se hâta de rejoindre la princesse.

Lorsqu'elle vit

l'esprit Ifrid mort, elle se réjouit beaucoup et s'inclina devant le prince. Une grande joie brillait sur son beau visage, parce que son malheur avait cessé, et elle était heureuse de savoir que c'était au prince qu'elle devait son sauvetage. C'était comme si elle avait trouvé une montagne pleine de joyaux. Puis elle dit : " Le calife était autrefois une haute divinité et se faisait appeler roi Lila. Dieu te bénira pour tes actes, ô puissant prince. "

Le prince

Avec des baisers dit : "Tu as une bouche charmante. Ta forme est souple. Je t'en prie, dis-moi pourquoi je ne t'aimerais pas ? Tu es belle Comme une statue d'or pur, et tu seras Une princesse dans mon palais. Eh bien , je sache que

ton origine est noble et que ta race est élevée. Ils bavardaient gaiement pendant qu'on leur servait à manger. Le prince, avec plaisir, à côté De la belle princesse mangeait. Quand tout fut fait, il prit du *siri* dans la boîte à bétel

et utilisa des parfums. "Tu es un jasmin doux", dit-il, "un antidote à tout mal, et tu seras ma femme."

Le lendemain, le prince
la prit derrière lui sur son cheval, et ils partirent. Les *dyangs* les accompagnaient.

Maintenant, je vais tout raconter sur les *mantris* .
Jusqu'à la tombée de la soirée, avec le roi d'Indrapura, ils restèrent en attente pour accueillir à nouveau le prince. Et ils étaient très troublés qu'il tarde si longtemps à venir. Le roi leur ordonna alors de chercher le prince et de voir pourquoi il restait si longtemps séparé d'eux. Alors les quatre *mantris* partirent et chassèrent
au loin, mais ne le trouvèrent pas. Ils ont annoncé
qu'il était introuvable. Le roi était triste et leur ordonna d'aller dire au roi, le père bien-aimé de sa femme, que le prince était perdu. Le vieux roi s'évanouit en entendant cette histoire. Ils l'aspergent d'huile de rose et il reprit ses esprits. "Ô mon enfant," dit-il, "mon cœur a perdu tout espoir. Où es-tu maintenant ? J'irai moi-même chercher."

Le roi
pleura beaucoup, ainsi que sa chère épouse. Et quant à elle, douce Bidasari, elle semblait vouloir se suicider, car jamais sur terre son frère n'a aimé sa sœur comme le prince et Bidasari. À la tombée du jour, le roi d'Indrapura revint, triste et en pleurs. Alors le roi de Kembajat dit : « Ô mon fils, tais-toi. Ne pleure pas, car tu ne fais qu'augmenter la douleur que je ressens. Mais le roi d'Indrapura répondit : "Hélas ! C'était mon vrai frère, si courageux et bon !" Mais pendant qu'ils se lamentaient ainsi, le prince se tenait là devant eux avec sa belle épouse. Il s'inclina devant tous. Le roi, son père, voyait et ne pouvait pas parler. Il pensa : "C'est la voix de mon cher fils." Puis la reconnaissance est venue Et il était fou de joie. Le prince raconta alors comment il avait chassé le tigre et s'était égaré dans un bois : comment il y avait tué un esprit, Ifrid, l'effroi.

Le roi
entendit tout ce qu'il disait et se réjouit beaucoup. Puis vinrent les serviteurs servant à tous une nourriture de bon goût. Le roi mangeait avec sa femme et ses enfants. Ensemble, ils étaient six. Toutes sortes de mets rares et délicats leur furent servis, et le roi
prit *le siri* de la boîte à bétel et utilisa
de doux parfums. Le grand roi de Kembajat donna alors une fête qui dura bien sept jours, avec musique et divertissements gais. La joie heureuse était

à son comble, du plaisir né Et de la danse. Les rois s'amusaient.
Ils avaient toutes sortes de jeux. Intji Bibi,
chanteur de Malacca, a chanté avec grâce. Les sept jours passèrent, la
princesse Mendoudari était toute parée. Les épouses des deux rois la prirent
en main. Le prince était par le *mangkouboumi* ta'en responsable.
Les parfums les plus doux de la princesse exhalaient. Ses manières étaient
des plus aimables et polies, comme celles d'une personne bien née. Toutes
sortes de pierres précieuses et de bijoux brillaient de ses robes. Elle portait
une bague — on l' appelait
astokouna — Et encore une autre, nommée
glangkano , Et encore une autre, avec des pierres brillantes toutes sculptées à
la mode de Ceylan. Ses tresses étaient bouclées comme une fleur épanouie,
et sur elles brillaient de nombreuses pierres précieuses. Les bourgeons
de tourie lui vont bien. Ses traits étaient aussi brillants que ceux de quelque
être céleste pur. La belle Mendoudari était ainsi vêtue et conduite jusqu'au
siège de la mariée, et à chaque main se tenaient sept filles *des mantris* avec
des éventails ondulant.
Pendant ce temps le *mangkouboumi Parvenait* patiemment
à la fatigue du prince. Il portait une couronne royale, fabriquée à la foire de
l'île appelée Nousa Antara, et un riche manteau ouvert sur les côtés,
fabriqué en Occident. Un collier ciselé pendait à son cou. Sa tunique
flambait d'orange, comme la robe du grand Schahid Schah Pri. Sa ceinture
brillante était en tissu de *tjindi* , bordée d'agates rares.
Une amulette qu'il portait avec du diamant pur, Avec des paroles sacrées
gravées du Coran. Il portait un bijou semblable à un papillon, le plus beau,
et de nombreuses bagues et pierres précieuses. Ses traits étaient d'une
beauté rare, comme ceux de quelque divinité du ciel. Ainsi vêtu, le jeune
prince sortit et rendit hommage à ses deux parents. Il se rendit au lieu
désigné, et tous les enfants de la cour s'y rassemblèrent devant lui, tandis
que deux fils de hérauts se tenaient à côté de lui, agitant des éventails
comme des nuages flottants. Tous gardèrent le silence le plus strict. Puis
une bande
de soldats arriva, avec des lames toutes étincelantes.
L'épée royale, toute ornée de diamants, projetait des rayons de lumière. Ils
firent tous trois fois le tour de l'île, au son de la musique et du bruit des
cloches. Et tous ceux qui entendirent en vain essayèrent d'en estimer le
nombre. Tout le monde a couru pour constater les progrès – hommes et
femmes. Certains ont déchiré leurs vêtements, d'autres ont perdu leurs
enfants, Distraits par le plaisir et le bruit. Une fois terminée la procession, le
jeune prince A la droite de la princesse Mendoudari fut placé, à l'intérieur
du palais. Alors on leur apporta du riz appelé *adapadap* , et ils devinrent
un couple marié. Et tout le monde se dispersa. Au bout de trois jours,
Mendoudari fut habillé de nouveau par Bidasari. Elle était vêtue d'un

vêtement de soie brodée. Le prince était également vêtu de façon gaie, pour convenir à l'heureuse occasion. Maintenant encore, ils firent, en état, une progression royale autour de l'île. Le roi et Bidasari montaient dans un grand char et, dans un autre, marchaient le prince et Mendoudari, sa belle épouse. Puis ils revinrent se reposer sur les doux coussins du palais des Riches. Alors le puissant roi de Kembajat demanda à sa chère épouse : « Qu'en penses-tu, mon amour ? Demain matin, reviendrons-nous ? Avec des sourires, la reine répondit : « Je porte tes ordres sur ma tête. » Le lendemain, le cœur de toute la compagnie royale fut rempli de joie. Les officiers se rassemblèrent alors pour prendre les commandements du roi, et il fut heureux de les voir dévoués. Le lendemain matin, le chant des *bajans* réveilla le roi.

Au petit matin, chaque princesse avec son seigneur, et tous les officiers, s'embarquèrent sur le navire. Ils naviguèrent loin de la foire de l'île, Nousa Antara, et arrivèrent en trois jours à Indrapura et à l'embouchure du fleuve. Lorsqu'ils arrivèrent de nouveau au palais, les *mantris* vinrent avec joie et leur baisèrent les mains.

Le roi de Kembajat a dit qu'il souhaitait y aller. A peine le juste roi d'Indrapura avait-

il entendu dire que ses parents désiraient rentrer chez eux immédiatement, quand le *mantris* l'appelait

et donnait des ordres. Le roi de Kembajat Partit avec sa chère épouse le lendemain à l'aube. Dans le palais de leur douce fille, ils rencontrèrent le beau roi d'Indrapura. Le roi de Kembajat s'assit à ses côtés et dit dans les tons les plus doux : "Eh bien, Bidasari, mon enfant, tes parents vont maintenant rentrer chez eux. Obéis au roi, ton gracieux époux, en toutes choses. L'ancien marchand t'a élevé. Il le fera. Que ton père soit pour toi. Efforce-toi de gagner le cœur de ton mari et ne néglige jamais ses souhaits. A peine eut-elle entendu ces paroles qu'aux genoux de son père elle tomba et versa un flot de larmes. Le roi embrassa son enfant et dit en pleurant : « Ma fille chérie, or pur, joyau principal de ma couronne, lumière de mes yeux, branche de mon cœur, ne sois pas dérangée, mon âme, et que ton cœur ne soit pas triste. » Les quatre royaux pleurèrent tous ensemble. Alors le père dit : « Mon fils, prince accompli, nous te confions Notre Bidasari. Montre-lui le bon chemin Si elle s'écarte, car ici elle est venue Comme une prisonnière. Si elle a besoin d'une correction, Pour nous ce ne sera pas une honte. ". Lors de cette foire, le roi d'Indrapura fut très ému. Il s'inclina et dit : " Mon père, ne parle pas ainsi. J'ai la meilleure opinion de la jeune fille. Nos cœurs ne font qu'un, comme le corps avec l'âme. Ce royaume tout entier est à elle, la gardienne de ses biens, et je le ferai. satisfaire tous ses souhaits. Le roi répondit avec joie : "Eh bien, ma fille, joyau de ma couronne, tu n'es plus sous mon emprise, mais entièrement maintenant sous les ordres de ton cher mari." Il fut très ému, et dit au *mangkouboumi*

: "Frère, prends tous mes trésors, car nous ne pourrons jamais récompenser toutes tes bontés." L'ancien marchand et sa femme s'inclinèrent : « Ta gratitude, ô prince, est grande, mais tous tes trésors sont le mérite de ta fille royale. Pour elle, nous les garderons. Mais le roi répondit :
« Non, ne parle pas ainsi, mon frère. Si je donnais
tout le poids d'Indrapura en or le plus pur, cela ne te paierait pas tes soins et ton amour. Nous te sommes dévoués de tout notre cœur. A l'aube, ils déjeunèrent, mais tous étaient tristes, Parce que de Bidasari doivent maintenant se séparer de ses parents, son cher et son frère. Elle a beaucoup pleuré Parce qu'elle sentait son cœur se tourner vers son frère. Puis elle dit : "J'en ai un pour remplacer mes parents, mais où trouverai-je un frère ?" La princesse Mendoudari s'inclina devant Bidasari et ils s'embrassèrent en larmes. La belle Bidasari dit : « Ma chère sœur, douce Mendoudari, quand reviendras-tu ? Ne reste pas trop longtemps à Kembajat, car je ne pourrais pas supporter ton absence. Adieu, mon amour. Le roi embrassa sa fille. Amèrement tous deux pleurèrent. Le père royal dit : « Reste ici, mon gendre, avec ta chère épouse. » Le roi devant ses parents s'inclina. Le jeune prince Devant le roi, son frère s'inclina et alla aux côtés de Bidasari, sa chère sœur, le cœur lourd. Puis, pleurant beaucoup, il dit : « Ô ma sœur, joyau de ma couronne, ne sois pas si triste. J'y vais, mais si tu le désires, je viendrai chaque année te visiter. La douce Bidasari l'embrassa. Mais son chagrin était inexprimable. "Ô frère cher, prince illustre", dit-elle, "ton absence serait alors beaucoup trop longue." Le prince répondit : Avec des arcs : « Apaise ton chagrin, ma chère sœur. Car si le roi le permet, je pourrai peut-être revenir plus tôt vers toi.

Le puissant roi
d'Indrapura dit d'un ton amical : "Bien qu'il soit ton frère, néanmoins, ma chère, je l'aime beaucoup. Nous n'avons jamais eu le moindre malentendu. Pourquoi n'es-tu pas gay ? Et pourquoi ne veux-tu pas Il devrait partir ? S'il n'y avait pas ton père, je le garderais ici.

Le roi partit, suivi de
son fils, qui emmena son père juste au-delà des portes. Le *mangkouboumi* inclina la tête
devant le Roi, qui dit avec beaucoup d'ardeur : "Ô père du cher Bidasari, donne aide et protection à ton adorable enfant." Le *mangkouboumi* s'inclina de nouveau et dit :
"Je ferai tout ce qui me conviendra. Sur ma tête, je porte tes ordres. Je suis ton serviteur." Le prince embrassa également l'ancien marchand et dit : « Ô mon cher oncle, ma sœur guide, et conseille-la si elle commet quelque faute. » Alors le roi de Kembajat dit : « Mon fils, viens, commençons tout de suite.

Et ainsi de suite, il s'en sortit.
Le prince et toute son escorte s'en allèrent. Quelques jours passèrent et ils

étaient de retour à la maison. Des vêtements neufs furent donnés à l'escorte, et de nombreux cadeaux aux officiers. Par *mantris* quatre, le roi envoya de riches trésors

à ses enfants aimés, avec de nombreux coursiers et éléphants. Lorsqu'ils arrivèrent sains et saufs à Indrapura, ils se présentèrent devant Le *mangkouboumi* . Il les présenta

au roi et dit : « Ô Sire, ces cadeaux viennent de ton fils. » Le roi répondit : "Pourquoi les amènes-tu ici, mon oncle ? Garde-les tous dans ton propre trésor." Puis il se retira à l'intérieur et dit au doux Bidasari : "Ton père, mon cher, nous a envoyé des cadeaux rares, ainsi que quatre jeunes *mantris* et mille hommes

avec des éléphants et des chevaux. Tout est à toi." La belle jeune reine lui répondit en souriant : « Tu désires partager tout cela avec moi. Quel que soit ton souhait, je le souhaite aussi. Le roi adorait sa femme et lui était dévoué. Son grand bonheur augmentait Et ses domaines s'étendaient chaque année. Lorsque la naissance royale de Bidasari fut connue, la nouvelle se répandit partout et fut annoncée partout. Le royaume d'Indrapura est devenu de plus en plus peuplé et puissant d'année en année.

La méchante princesse Lila Sari vivait
seule et désolée, dans une profonde tristesse et un plein repentir pour ses mauvaises actions.

Cette chanson est faible parce que mes compétences sont petites.
Mon cœur était profondément ému. Et c'est pour ça que j'ai fait, pauvre fakir moi, ce poème là. Je ne l'ai pas fait longtemps, car j'étais trop triste et troublé. Maintenant, c'est enfin fait. Pour cela, au moins, je mérite vos bénédictions.

LA FIN.

SEDJARET MALAYOU

LÉGENDES DE L'ARCHIPEL MALAIS

[Traduit par M. Devic et Chauncey C. Starkweather]

Il était une fois le roi Iskender, fils du roi Darab. Il a fait remonter son origine à Roum ; La Macédoine était son pays natal et Dhoul-Garnein son nom de famille. Or il arriva que ce prince partit en voyage pour trouver l'endroit où le soleil se levait ; et il arriva à la frontière de l'Inde. Il régnait dans ce pays un roi très puissant, à qui la moitié de l'Inde était soumise ; et son nom était le roi Kida Hindi. Dès que le roi Kida Hindi eut vent de l'approche du roi Iskender, il donna des ordres à son premier ministre, qui rassembla les armées et les princes qui lui étaient soumis. Une fois tous réunis, il partit à la rencontre du roi Iskender. Les deux armées s'engageèrent et le conflit se poursuivit avec une activité extrême des deux côtés, comme le raconte l'histoire du roi Iskender. Kida Hindi a été vaincu et capturé vivant. Iskender lui ordonna d'embrasser la vraie foi, et Kida Hindi embrassa la foi et s'inscrivit dans la religion du prophète Abraham, l'ami de Dieu, à qui soit la gloire ! Alors le roi Iskender le fit revêtir d'un vêtement semblable au sien et lui ordonna de retourner dans son propre pays.

Le roi Kida Hindi était le père d'une très belle fille, dont on ne trouvait pas d'égale à son époque. Son visage avait l'éclat éblouissant du soleil ou de la lune ; elle était modeste et discrète. Elle s'appelait Chehr-el-Béria. Le roi Kida Hindi prit à part son premier ministre et lui dit :

"Je vous ai convoqué pour vous demander votre avis au sujet de ma fille, dont on ne peut trouver l'égale ces jours-ci. J'ai formé le projet de la présenter au roi Iskender."

Le ministre répondit : « Votre Majesté a pris une sage décision. »

" Très bien, répondit le roi, demain, si Dieu le veut, vous irez trouver le prophète Khidar et vous lui raconterez toute l'affaire. "

Le lendemain, le ministre partit donc à la recherche du prophète Khidar. Après son départ, le roi Kida Hindi ordonna que le nom du roi Iskender soit inscrit sur les pièces de monnaie et les étendards de son royaume. Lorsque le ministre s'est approché du prophète Khidar, il lui a fait un salam, auquel le prophète lui a répondu et lui a demandé de s'asseoir. Alors le ministre s'exprima ainsi :

"Tu dois savoir, ô prophète de Dieu, que mon Roi entretient pour le Roi Iskender une affection si fervente que je ne peux la décrire. Il est le père d'une fille qui n'a pas d'égale parmi les enfants des monarques de ce monde depuis l'avènement jusqu'au soleil couchant. Elle est sans rivale en termes de visage, d'esprit et de bonté de caractère. Maintenant, le désir du roi est de présenter la princesse devant le roi Iskender, en vue de la lui donner finalement pour épouse.

Or les soldats du roi Souran assiégèrent la ville fortifiée de Gangga-Chah Djouhan ; mais ceux qui montaient la garde les repoussèrent, de sorte qu'ils ne purent s'approcher . Voyant cela, le roi Souran s'avança, monté sur un éléphant indompté. Sans prêter attention aux flèches lancées contre lui par les défenseurs du mur, il atteignit la porte et la frappa avec sa masse. La porte céda et le roi Souran entra, suivi de ses guerriers.

Lorsque le roi Gangga-Chah Djouhan aperçut le roi Souran approcher, il saisit son arc et décocha une flèche en toute hâte. La flèche a touché le front de l'éléphant du roi Souran. L'éléphant tomba à genoux. Le roi Souran sauta rapidement à terre, tirant son épée ce faisant ; d'un seul coup, il frappa le cou du roi Gangga-Chah, et la tête coupée roula jusqu'au sol. Les forces de Gangga-Nagara, dès qu'elles virent leur prince tomber, exigeèrent l' *aman* (c'est-à-dire la trêve).

Le roi Gangga-Chah Djouhan avait une sœur, nommée la princesse Zaras Gangga. Elle était extrêmement belle. Le prince victorieux la prit pour épouse. Puis il reprit sa marche.

Quelque temps après, il atteignit la ville de Ganggayon. C'était autrefois une grande ville dont les pierres noires de la forteresse subsistent encore aujourd'hui. Cette forteresse se trouve à l'extrémité de la rivière Djoher. Le nom Ganggayon en langue siamoise signifie « trésor d'émeraudes ». Le roi de la ville était Rajah Tchoulin ; c'était un prince puissant, auquel tous les rois du pays rendaient hommage.

A la nouvelle de l'approche du roi Souran, le roi Tchoulin rassembla toutes ses troupes et fit prévenir les rois qui étaient ses tributaires. Une fois tous rassemblés, il entreprit de repousser les envahisseurs. La multitude de ses soldats était comme les vagues de la mer ; ses éléphants et ses chevaux se dressaient parmi eux comme des îles ; ses drapeaux et ses étendards présentaient l'apparence d'une forêt, et les queues de vaches flottant au niveau des têtes de piques présentaient l'apparence de laboureurs *lalang*.

L'armée arriva en quatre corps et atteignit les rives d'une rivière. Là, ils aperçurent les soldats du roi Souran, rangés comme des arbres de forêt. Les Siamois s'écrièrent « Pangkal », un mot qui signifie « rivière », et c'est pourquoi cette rivière devint connue sous le nom de rivière Pangkal.

Les soldats de Siam joignirent aussitôt la bataille aux soldats de Kling, qui étaient des Hindous ; et la bataille faisait rage dans une confusion indescriptible. Les soldats montés sur des éléphants pressaient ces grosses bêtes ; les hommes à cheval faisaient crier leurs chevaux avec fureur ; les lanciers retirèrent leurs lances ; ceux qui portaient des piques s'en servaient avec fureur ; et ceux qui portaient des sabres donnaient de nombreux coups vaillants. Le sang coulait comme la pluie. Le fracas du tonnerre aurait été étouffé par les cris des guerriers et le fracas des armes. La poussière qui montait de la plaine obscurcissait la luminosité du jour comme une éclipse de soleil. La confusion dans laquelle se mêlaient les combattants était si complète qu'il n'était pas possible de distinguer les combattants des deux côtés : chaque assaillant était en même temps l'assailli, et celui qui frappait lui-même avec son arme au même moment était frappé d'un coup. . Parfois, les soldats attaquaient un camarade par erreur. À chaque instant, des foules de gens des deux côtés étaient tués et blessés, de nombreux chevaux et éléphants étaient égorgés et le sang versé couvrait le sol. La poussière avait disparu ; on voyait les combattants lutter en masses si compactes qu'aucun des deux partis ne pouvait se retirer de la bataille.

Le roi Tchoulin parvint à se frayer un chemin grâce à l'éléphant qu'il montait à travers l'innombrable horde de soldats du roi Souran ; les cadavres étaient entassés sous ses pieds. Une foule de guerriers hindous ont perdu la vie. Les autres commencèrent à céder. Le roi Souran, s'en apercevant, se précipita à la rencontre du roi Tchoulin en combat singulier. Il monta un éléphant indompté de huit coudées de haut, sans conducteur. Mais l'éléphant du roi Tchoulin était aussi très courageux. Les deux animaux se rencontrèrent ; ils se sont attaqués; le choc de leur rencontre fut comme le tonnerre qui déchire la terre ; leurs défenses s'entrechoquant et s'entrelaçant faisaient un bruit semblable à celui d'une tempête qui ne cesse jamais. Aucun des deux ne pouvait triompher de l'autre.

Alors le roi Tchoulin se dressa sur la bête qu'il montait et brandit un javelot. Il le lança contre le roi Souran ; le javelot frappa l'éléphant sur le flanc et le transperça profondément. Au même moment, le roi Souran décocha une flèche qui toucha le roi Tchoulin à la poitrine et ressortit par le dos. Ce prince tomba à terre et expira. Les soldats voyant leur roi mort, rompirent les rangs et prirent la fuite en plein désordre, poursuivis par les Hindous, qui passèrent au fil de l'épée tous ceux qu'ils rattrapèrent. En pénétrant dans les remparts de Ganggayon, les soldats hindous pillèrent la ville ; le butin était immense.

Le roi Tchoulin eut une fille extrêmement belle. Elle s'appelait la princesse Ouangkion ; elle fut présentée au roi Souran, qui la prit pour épouse.

Le roi reprit alors sa marche et arriva à Temasik. La rumeur de son approche parvint bientôt en Chine. Les gens disaient : "Voilà ! Le roi Souran vient avec une armée innombrable pour conquérir la Chine. Il a déjà atteint Temasik." Cette nouvelle fut entendue avec une grande inquiétude par le roi de Chine. Il dit à ses ministres et à ses officiers :

" Que faut-il faire pour repousser cette multitude envahissante ? Si le roi de Kling arrive ici, il ruinera sans aucun doute notre pays. "

Le Premier ministre dit : « Ô Roi du monde, j'ai un dispositif pour le repousser. »

« Très bien, dit le roi ; "ne manquez pas de l'essayer."

Le premier ministre fit donc équiper un *pilo* , ou navire, d'aiguilles rouillées. Ils prirent aussi deux espèces d'arbres, des kamses et des jujubiers, chargés de fruits ; ceux-ci étaient placés à bord du navire avec la terre dans laquelle ils poussaient. Des vieillards ayant perdu leurs dents étaient choisis pour les passagers et l'équipage. Le ministre leur donna ses instructions et ils partirent pour Temasik.

Lorsqu'ils furent arrivés à cet endroit, le roi Souran fut informé qu'un navire était arrivé de Chine. « Allez demander à ces étrangers, dit-il à ses serviteurs, à quelle distance se trouve ce pays de nous. Le préposé posa cette question à l'équipage du *pilo* et reçut la réponse suivante :

« Lorsque nous avons quitté la Chine, nous étions tous encore jeunes, ayant à peine douze ans ; et ces arbres étaient des graines que nous avions semées. Mais vous voyez quel âge nous avons maintenant, et comme nos dents sont tombées ; les grains de graines sont devenus des arbres fruitiers, et tout cela s'est produit pendant le temps qu'il nous a fallu pour arriver ici.

En même temps , ils prirent les aiguilles dont ils possédaient une grande quantité et dirent en les montrant aux Hindous :

"Quand nous sommes partis de Chine, ils étaient gros comme un bras d'homme, et voyez maintenant comme ils sont usés par la rouille. Cela vous donnera une idée de la durée du voyage : nous ne pouvions pas compter les années et les mois."

En entendant cette réponse des Chinois, les Hindous coururent la rapporter au
roi Souran, à qui ils répétèrent tout ce qu'ils avaient entendu.

" Si les choses sont comme on dit, " répondit le prince, " le pays de Chine est encore très loin. Quand y arriverons-nous ? Nous ferions mieux de rentrer chez nous. "

"Sa Majesté a sans aucun doute raison", ont déclaré les officiers.

Le roi Souran méditait ainsi : "Voici, le contenu de la terre m'est connu, mais comment puis-je connaître le contenu de la mer ? Il faut que j'entre dans la mer pour le connaître."

Puis il appela ses ingénieurs et ses hommes habiles, et leur ordonna de fabriquer une boîte de verre avec serrure et attaches à l'intérieur, afin qu'il puisse s'y enfermer. Les ingénieurs fabriquèrent la boîte en verre exactement comme le voulait le roi ; ils l'ont fourni d'une chaîne de l'or le plus pur ; puis ils le présentèrent au roi Souran, qui en fut extrêmement satisfait, et les récompensa tous avec de riches cadeaux.

Le prince entra dans la loge, disparut aux yeux de tous et referma la porte sur lui-même. Ils emmenèrent la caisse à la mer et la laissèrent descendre jusqu'au fond. Quels trésors, quelles richesses, œuvres du Tout-Puissant, ont vu le roi Souran ! La boîte tomba jusqu'à atteindre un pays appelé Dika. Là, le roi Souran sortit de la boîte et s'avança, voyant des choses des plus merveilleuses. Il arriva dans une grande ville fortement fortifiée, où il entra et vit une vaste population dont Dieu seul connaît le nombre. Ce peuple, qui se fait appeler le peuple Badsam, était composé de croyants et d'incroyants.

Les habitants de la ville furent étonnés de voir le visage du roi Souran, et ses vêtements ils regardèrent avec étonnement. Ils le conduisirent en présence de leur roi, qu'ils appellent Agtab-al-Ard (*c'est* -à-dire les entrailles de la terre). Ce prince demanda : « Quel homme est-ce ?

« Monseigneur, fut la réponse, c'est un étranger qui est arrivé il y a un instant.

« D'où vient-il ?

"Nous ne savons pas."

Alors le roi s'adressa au roi Souran lui-même et lui dit : « Qui es-tu et d'où viens-tu ?

Le roi Souran répondit : « Je viens du monde ; je suis le roi des hommes ; je m'appelle le roi Souran. »

Le roi Agtab-al-Ard fut très étonné en entendant ces paroles. « Il y a donc, dit-il, un autre monde que le nôtre ?

"Le monde", répondit le roi Souran, "contient de nombreuses races".

"Gloire à Dieu tout-puissant", dit le roi plein de surprise. Puis il fit monter le roi Souran et s'assit avec lui sur le trône royal.

Agtab-al-Ard avait une fille d'une grande beauté, nommée la princesse Mah-tab-al-Bahri (« Lune de la mer »). Il la donna en mariage au roi Souran. Ce prince demeura trois ans avec elle et eut d'elle trois enfants mâles. Lorsqu'il pensait à ces trois enfants, le roi Souran se sentait très troublé. Il se dit : « Que deviendront-ils ici, sous la terre ? Ou comment les retirer d'ici ?

Il alla voir Agtab-al-Ard et lui dit : « Si mes fils grandissent, Votre Majesté me permettra-t-elle de veiller à ce qu'ils soient amenés dans le monde supérieur, afin que la lignée royale du Sultan Iskender Dhoul-Quameen ne pourra-t-il pas être brisé jusqu'à la fin des temps ? »

Le roi répondit : « Je ne vous gênerai pas. »

Puis le roi Souran prit congé du roi et prépara son retour. Le roi et sa fille versèrent de nombreuses larmes en se séparant. Puis le roi donna l'ordre d'amener le cheval Sembrani, nommé Paras-al-Bahri (« hippocampe »), qu'il donna au roi Souran. Le prince monta sur le cheval qui l'emportait de la mer et le portait dans les airs au-dessus des flots.

Les troupes du roi Souran aperçurent le cheval Sembrani, et reconnurent dans son cavalier leur roi. Le Premier ministre prit aussitôt une belle jument et la conduisit jusqu'au rivage. L'hippocampe aperçut la jument et vint à terre à sa rencontre, et le roi Souran descendit. Alors le cheval Sembrani retourna à la mer.

Le roi Souran dit à ses sages et à ses ingénieurs : « Élevez un monument qui témoignera de mon voyage dans la mer ; car je souhaite que le souvenir en soit conservé jusqu'au jour de la Résurrection. Écrivez l'histoire, afin qu'elle soit dit à tous mes descendants.

En obéissance aux paroles du roi, les sages et les ingénieurs dressèrent une pierre sur laquelle ils tracèrent une inscription dans la langue hindostanaise. Ceci fait, le roi Souran rassembla une quantité d'or, d'argent, de joyaux, de pierres précieuses et de trésors précieux, qu'il déposa sous la pierre.

"A la fin des siècles, dit-il, viendra un roi parmi mes descendants qui trouvera ces richesses. Et ce roi soumettra tous les pays sur lesquels souffle le vent."

Après cela, le roi Souran retourna au pays de Kling. Là, il bâtit une ville puissante, protégée par un mur de pierre noire ayant sept rangées de maçonnerie épaisse et neuf brasses de hauteur ; les ingénieurs l'ont fait avec une telle habileté que les joints des pierres étaient invisibles et que le mur semblait fait d'une seule substance. Le portail était en acier, enrichi d'or et de pierres précieuses.

Ce rempart entourait sept collines. Au centre de la ville s'étendait un bassin vaste comme la mer ; d'une rive, il était impossible de distinguer un éléphant debout sur l'autre. Il contenait de très nombreuses espèces de poissons. Au milieu s'élevait une île très élevée, toujours couverte d'un manteau de brume. Le Roi y fit planter toutes sortes d'arbres à fleurs et à fruits que l'on trouve au monde. Aucun n'en manquait, et c'est sur cette île que le roi se rendait quand il voulait se récréer.

Il fit aussi planter au bord de l'étang une vaste forêt où les animaux sauvages étaient en liberté. Et lorsque le roi voulait chasser ou attraper des éléphants au piège, il se rendait dans cette forêt. Lorsque la ville fut achevée, le roi lui donna son nom, Souran-Bidgi-Nagara, et cette ville existe encore dans la province de Kling.

Bref, si l'on voulait raconter tout le reste de l'histoire du roi Souran, on la trouverait aussi longue que celle de Sidi Hanza.

LES AVENTURES DE BADANG

On raconte qu'à Salouang vivait autrefois un laboureur qui possédait un esclave nommé Badang, qu'il employait au défrichement des forêts. Il arriva un jour que Badang étendit ses filets dans la rivière ; mais le lendemain matin, il trouva son filet tout à fait vide, et à côté quelques écailles et arêtes de poisson. La même chose se reproduisit quelques jours après. Badang jeta les écailles de poisson (*sisik*) dans la rivière ; de là est dérivé le nom de la rivière, Besisik.

Pendant ce temps, l'esclave se disait : "Qui est-ce qui mange le poisson pris dans mon filet ? Il faut que je veille et que je sache."

Dans ce but, il se cacha un jour derrière des arbres et aperçut un *hantou* , ou génie maléfique, ou monstre, qui mangeait le poisson pris dans son filet. Ce *hantou* avait les yeux rouges comme le feu, ses cheveux étaient comme des osiers tressés et sa barbe tombait jusqu'à sa taille. Badang sortit son couteau et, rassemblant son courage, se précipita vers le *hantou* et le saisit.

« Chaque jour, dit-il, vous mangez mon poisson. Mais cette fois, vous mourrez de mes mains.

En entendant ces mots, le *hantou* eut peur, et s'écarta, voulant éviter les mains de son adversaire ; mais n'y parvenant pas, il lui dit : « Ne me tue pas ; je te donnerai ce que tu voudras, à condition que tu m'épargnes la vie.

Badang pensa : « Si je demande des richesses, mon maître les réclamera. Si je demande le pouvoir de devenir invisible, ils me mettront à mort comme un sorcier. Il est donc préférable que je demande le don de la force physique . afin que je puisse faire l'œuvre de mon maître.

Conformément à cette résolution, Badang dit au *hantou* : « Donnez-moi le don de la force physique ; laissez-moi être assez fort pour abattre et déraciner les arbres ; c'est-à-dire que je puisse abattre d'une seule main de grands arbres. , une brasse ou deux de circonférence.

Le *hantou* répondit : "Ta prière est exaucée. Tu souhaites de la force ; je te la donnerai ; mais il faut d'abord que tu manges ce que je vomis."

"Très bien", a déclaré Badang; "vomir, et je le mangerai." Le *hantou* a vomi et Badang s'est mis au travail pour le manger. Il tenait le *hantou* par la barbe et ne le laissait pas partir. Puis il tenta de déraciner de grands arbres ; et, voyant qu'il les déchirait avec aisance, il lâcha la barbe du *hantou* .

Ensuite, allant et venant à travers la forêt, il arracha des arbres énormes ; il emporta, avec les racines, celles d'une brasse ou deux de circonférence. Quant aux petits, il les déchira par poignées et les jeta de tous côtés. En un instant, la forêt qui avait été un désert devint aussi plate qu'une grande plaine.

Lorsque son maître vit cet ouvrage , il dit : « Qui a défriché notre terrain ? Car je vois qu'il est soudain entièrement débarrassé des arbres et des broussailles. »

« C'est moi, dit Badang, qui ai effectué cette autorisation.

Alors le maître répondit : "Comment avez-vous pu faire cela, seul, si rapidement et en un seul travail ?"

Alors Badang raconta tous les détails de son aventure, et son maître lui rendit la liberté.

Le rapport de ces événements parvint à Singapour. Le roi Krama ordonna immédiatement que Badang soit amené devant lui et il l'appela Raden (*c'est-à -dire* Prince Royal).

Il était une fois le roi de Singapour ordonna à Badang d'aller chercher pour son repas des fruits de *kouras* , au bord de la rivière Sayang. Badang s'y rendit seul dans son *pilang*, ou bateau, qui mesurait huit brasses de long, et il le lança avec une perche coupée dans le tronc d'un arbre kampas d'une brasse de circonférence.

Lorsqu'il arriva à la rivière Sayang, il serra l' arbre *kouras* . Les branches se sont cassées, l'arbre est tombé et sa tête a heurté un énorme rocher. Sa tête n'a pas été blessée, mais le rocher a été fendu en deux. Cette pierre se voit encore aujourd'hui sur la rivière Sayang, et elle porte le nom de Baloublah, qui signifie le « Rocher Rivé ». Son mât et son bateau ont également été conservés jusqu'à nos jours. Le lendemain de son exploit, Badang repartait pour Singapour, avec son *pilang* entièrement chargé de canne à sucre, de bananes et de racine *de keladion* , ou lys comestible. Il avait mangé toute la cargaison avant d'arriver à Djohor-le-Vieux.

Une autre fois, le roi de Singapour avait fait construire devant le palais un grand navire de quinze brasses de long. Le navire étant terminé, entre quarante et cinquante hommes reçurent l'ordre de le pousser à l'eau. Ils n'ont pas pu le lancer. Jusqu'à 2 000 ou 3 000 personnes ont également échoué. Le roi ordonna alors à Badang d'entreprendre l'opération. Badang entreprit la tâche sans aide et poussa avec une telle force que le navire traversa le détroit jusqu'à l'autre rive. Pour cet exploit, le roi le nomma *houloubalong* , ou officier de grade militaire.

Le bruit parvint à la province de Kling que parmi les officiers du roi se trouvait un homme d'une force extraordinaire, nommé Badang. Il y avait désormais à la cour du roi de Kling un puissant athlète qui n'avait pas de rival dans le pays. Son nom était Madia-Bibjaya-Pelkrama. Le roi lui ordonna de se rendre à Singapour avec sept navires ; « Allez, dit-il, et luttez avec cet officier. S'il vous bat , donnez-lui en récompense la cargaison des sept navires ; si vous êtes victorieux, exigez-lui un forfait égal.

"J'obéis, Votre Majesté", dit l'athlète et il partit avec les sept vaisseaux.

Lorsqu'il arriva à Singapour, ils apportèrent des nouvelles au roi de la ville, disant : « Un athlète est arrivé du pays de Kling pour rivaliser avec Badang dans de nombreux sports. S'il est vaincu, il laissera la cargaison de ses sept les navires en confiscation. »

Le roi sortit de son palais pour donner audience. L'athlète hindou s'est présenté. Le prince lui a dit d'essayer un combat avec Badang. Badang l'a battu à chaque tour.

Face au *balerong* , ou cour d'audience, se trouvait maintenant un énorme rocher. L'athlète dit à Badang : "Viens, faisons preuve de force en soulevant cette pierre. Celui qui ne pourra pas la soulever sera vaincu."

"Essayez d'abord", a déclaré Badang.

L'athlète partit et fit plusieurs tentatives sans parvenir à le soulever. Enfin, rassemblant toutes ses forces, il le souleva à la hauteur de son genou et le laissa retomber.

"Maintenant, c'est votre tour, mon maître", dit-il.

"Très bien", répondit Badang, et soulevant la pierre, il la lança en l'air, puis la lança vers la rivière, à l'entrée de la ville, où on la voit encore à l'extrémité de la pointe de Singapour.

L'athlète de Kling, ainsi vaincu, remit à Badang les sept vaisseaux et leurs cargaisons ; puis il revint, très attristé et mortifié de sa défaite.

Or le bruit parvint au pays de Perlak qu'il y avait à Singapour un officier du roi nommé Badang sans rival en force extraordinaire. Le roi de Perlak, raconte l'histoire, avait un athlète nommé Bandarang, également très fort et d'une grande réputation. Cet athlète était devant le roi lorsqu'il parla de Badang.

« Monseigneur, demanda-t-il, Badang est-il plus fort que moi ? Si vous me le permettez, j'irai à Singapour pour tenter un assaut avec lui.

"Très bien, allez à Singapour", dit le roi. Se tournant vers le Premier ministre, Toun Parapatih, il a déclaré :

"Préparez un *praho* , car je vais envoyer Bandarang à Singapour." Quand tout fut prêt, une litière royale fut préparée et le ministre s'embarqua avec l'athlète et, au bout d'un moment, atteignit Singapour. Le prince Sri Rana Ouira Krama reçut la civière du roi dans la salle d'audience, parmi les radjas, ministres, gardes du corps, hérauts et autres grands officiers sous ses ordres.

Alors le prince, s'adressant à l'ambassadeur, demanda : « De quelle commission est chargé notre frère ?

L'ambassadeur répondit : "Voici, j'ai reçu l'ordre de votre illustre jeune frère d'amener ici ce sujet Bandarang, pour essayer ses forces avec Badang. Si Bandarang est vaincu, votre frère déposera aux pieds de Votre Majesté le contenu d'un entrepôt ; et si Badang succombe, vous nous offrirez l'équivalent.

« Très bien, » dit le roi ; "Demain, tout sera réglé pour la lutte." Le roi se retira au palais, appela Badang et lui dit :

"Tu sais, Badang, que demain tu auras à affronter Bandarang."

" Monseigneur, " répondit Badang, " sachez que cet homme est un athlète puissant, d'une force extraordinaire, célèbre dans tous les pays. Si votre esclave est vaincu , cela ne jettera-t-il pas quelque discrédit sur le souverain ? Si Votre Majesté le juge sage, que soyons tous deux appelés ensemble devant vous, afin que je puisse l'éprouver ; et si je me sens capable de rivaliser avec lui, nous aurons le combat ; mais s'il est trop fort pour moi, alors Votre Majesté peut s'opposer à la lutte. "

"Vous avez raison", dit le roi. C'est pourquoi, la nuit venue, le prince invita Toun Parapatih Pendek, Bandarang et leurs compagnons. À leur arrivée, une collation leur fut servie. Bandarang était assis à côté de Badang, qui commença à le tester. Ils s'essayèrent mutuellement sans attirer l'attention.

Au bout d'une heure, alors que les convives étaient dans le vin, le roi demanda à Badang s'il était assez fort pour lutter avec Bandarang, qui déclara qu'il était son égal. Par contre, lorsque TounParapatih Pendek fut revenu au navire, Bandarang lui dit :

"Seigneur, si tu me permets de te conseiller, il n'y aura pas de compétition entre Badang et moi. Je ne vaincra peut-être pas, car j'ai appris à quel point il est puissant."

« Très bien, dit le ministre ; "Il est très facile d'arranger cela."

donc au roi : « Je pense que nous devrions empêcher cette lutte ; car si l'un des concurrents était vaincu d'une manière mauvaise, il pourrait en résulter une querelle entre Votre Majesté et le souverain votre frère. "

Le roi accepta et l'ambassadeur demanda la permission de rentrer chez lui. Le prince fit écrire une lettre pour le roi de Perlak. Il fut porté solennellement à bord du navire et l'envoyé, après avoir reçu les vêtements d'honneur, s'embarqua pour son propre pays. En arrivant, il raconta au roi tout ce qui s'était passé. Plus tard, Badang mourut et fut enterré à Bourou. Lorsque la nouvelle de sa mort arriva dans ce pays, le roi de Kling envoya une pierre sculptée, que l'on voit aujourd'hui à Bourou.

Et maintenant, parlons des rois de Pasey. Les auteurs de cette histoire déclarent qu'il y avait deux frères nommés Marah qui vivaient près de Pasangan. Ils étaient originaires de la montagne de Sanggong. L'aîné s'appelait Mara-Tchaga, et le cadet Marah-Silou. Marah-Silou s'occupait de lancer des filets. Après avoir pris quelques *kalang-kalang*, il les rejeta et relança son filet. Les *kalang-kalang* furent de nouveau rattrapés. Après plusieurs tentatives avec le même résultat, Marah-Silou fit bouillir ces *kalang-kalang* . Et voici, les choses misérables devinrent de l'or et leur écume devint de l'argent. Marah-Silou attrapa encore *du kalang-kalang* , les fit bouillir et les vit de nouveau se transformer en or et en argent. Il avait ainsi acquis une grande réserve d'or et d'argent, lorsqu'un jour arriva à Marah-Tchaga la nouvelle que son jeune frère attrapait du *kalang-kalang* , et il fut si irrité qu'il voulut le tuer. Lorsque Marah-Silou apprit ce dessein, il se réfugia dans la forêt de Djawn. L'endroit où il pêchait s'appelle encore la plaine de Kalang-Kalang.

Marah-Silou, établi dans la forêt de Djawn, donnait de l'or à ceux qui y demeuraient, et tous obéirent à ses ordres. Un jour qu'il chassait, son chien, nommé Si Pasey, se mit à aboyer sur une légère colline qu'on eût cru faite de main d'homme. En gravissant la petite colline , il aperçut une fourmi grosse comme un chat. Il l'a pris et l'a mangé. L'endroit fut plus tard appelé Samodra ; c'est-à-dire "La Grande Fourmi". On raconte maintenant que le prophète de Dieu, que la bénédiction soit sur lui, a dit un jour à ses compagnons :

"Il y aura un jour, vers le sud, un pays appelé Samoudra. Quand vous en entendrez parler, dépêchez-vous de convertir les habitants à l'Islam, car dans ce pays beaucoup deviendront les amis de Dieu. Mais il y aura aussi le roi d'un pays appelé Mataba, que tu devras emmener avec toi.

Longtemps après ce décret du prophète, le fakir Mahomet se rendit à Samoudra. Arrivé au rivage, il rencontra Marah-Silou, qui ramassait des coquillages. Le fakir lui demanda :

« Quel est le nom de ce pays ?

"Son nom est Samoudra", répondit Marah-Silou.

"Et quel est le nom du souverain ?"

"Je suis le souverain de tous ceux qui habitent ici", a déclaré Marah-Silou.

Le fakir Mahomet convertit Marah-Silou à l'Islam et lui apprit les paroles du credo. Or Marah-Silou, étant endormi, rêva qu'il était en présence du prophète de Dieu, et le prophète lui dit : « Marah-Silou, ouvre la bouche. » Il l'ouvrit et le prophète cracha dedans, et Marah- Silou, s'éveillant, perçut dans tout son corps un parfum semblable à celui du nard. Quand le jour se leva, il raconta son rêve.

« C'est bien le pays de Samoudra dont a parlé le prophète de Dieu », dit le fakir Mahomet. Ramenant du navire tous les enseignes royales à bord, il proclama Marah-Silou roi avec le titre de Sultan Melik-es-Salih.

Le sultan Melik-es-Salih envoya Sidi Ali Ghaiath-ed-Din au pays de Perlak. Ce prince avait trois filles, deux de sang royal du côté de leur mère, et une née d'une concubine. Cette dernière s'appelait la princesse Ganggang. Lorsque Sidi Ali Ghaiath arriva à Perlak, ils lui montrèrent les trois filles. Les deux sœurs du sang royal étaient assises plus bas que la princesse Ganggang, qui occupait un siège haut. Cette dernière, sur ordre de son père, nettoyait les noix d'arec pour ses deux sœurs, comme on fait les honneurs de la maison. Elle portait des vêtements roses et un manteau violet. Ses oreilles étaient ornées de *soubangs* confectionnés avec les jeunes feuilles du *lontar* . Elle était vraiment belle.

Sidi Ali Ghaiath-ed-Din dit au roi de Perlak : « Celle de vos filles qui est assise au-dessus est celle que je demande en mariage pour mon maître, votre fils. » L'envoyé ne savait pas que la princesse Ganggang était la fille d'une concubine.

Le roi éclata de rire. « Très bien, dit-il, que la volonté de mon fils s'accomplisse. » Puis il donna l'ordre d'équiper 100 *prahos* , et Toun Parapatih reçut l'ordre d'accompagner la princesse au pays de Samoudra.

Le sultan Melik-es-Salih partit à la rencontre de la princesse jusqu'à Djambou Ayer. Il l'introduisit à Samoudra avec mille honneurs et splendeurs, et l'épousa. Le mariage accompli, le prince fit des présents aux ministres et aux officiers, et se montra prodigué en or et en argent aux pauvres du pays. Quant à Toun Parapatih Pendek, il a pris congé pour retourner à Perlak. Le sultan Melik-es-Salih et la princesse Ganggang eurent deux fils qui reçurent du prince les noms de sultan Melik-ed-Dhahir et de sultan Melik-el-Mansour. L'aîné fut confié à Sidi Ali Ghaiath-ed-Din et l'autre à Sidi Ali Asmai-ed-Din. Les années passent et les deux jeunes princes ont grandi. Perlak avait été conquise par un ennemi venu de la côte opposée, et les habitants du pays avaient émigré à Samoudra. Le sultan Melik-es-Salih conçut le projet de fonder une ville pour y établir ses fils. Il dit aux grands : « Demain j'irai à la chasse. » Le lendemain matin , il partit, monté sur un éléphant appelé Perma Diouana. Il passa de l'autre côté de l'eau. Lorsqu'il est arrivé à terre, son chien Si Pasey s'est mis à aboyer. Le prince accourut et vit qu'il aboyait devant une butte suffisamment étendue pour l'érection d'un palais et de ses dépendances, de niveau et bien disposés. Le sultan Melik fit défricher le terrain et y construisit un palais et une ville. D'après le nom de son chien , il appela le palais Pasey et établit comme roi son fils le sultan Melik-ed-Dhahir, avec Sidi Ali Ghaiath comme ministre. Il divisa ses hommes, ses éléphants et ses étendards royaux en deux parties, une pour chacun de ses fils.

Quelque temps après, le prince, tombé malade, ordonna aux grands de se rassembler, appela ses deux fils et parla ainsi : « Oh, mes deux fils, et vous tous, mes compagnons, ma dernière heure approche. faites du bien à ceux que je laisse derrière moi. Et vous, mes fils, gardez-vous d'être envieux du bien d'autrui et des femmes et des filles de vos sujets. Maintenez entre vous l'union de deux frères, abstenez-vous de toute injustice et évitez entre vous toutes les causes de querelle. » Il dit aussi à Sidi Ali Gaiath-ed-Din et à Sidi Asmai-ed-Din :

"Oh, mes frères, prenez soin de ces deux fils. Ne provoquez pas de troubles entre eux. Soyez-leur fidèles et ne prêtez jamais allégeance à un autre roi." Les deux jeunes princes baissaient la tête et pleuraient.

Quant aux deux ministres, « Seigneur, dirent-ils, lumière de nos yeux, nous jurons par le Maître souverain qui a créé les mondes que nous ne manquerons jamais à nos promesses, que nous ne manquerons jamais de fidélité ni ne rendrons hommage à un autre. roi que tes deux fils bien-aimés.

Puis le sultan Melik-es-Salih nomma son fils Melik-el-Mansour roi de Samoudra. Trois jours plus tard, il mourut et fut enterré à l'intérieur du palais. Leur père mort, les deux jeunes princes, ses fils, ordonnèrent au héraut royal de rassembler les officiers et soldats, les éléphants et les chevaux, ainsi que les insignes royaux du pays de Pasey. Et les deux villes grandissent et prospèrent de plus en plus. Dieu connaît mieux la vérité. Il est notre aide et notre refuge.

Voilà maintenant l'histoire du roi Chehr-en-Naoui. Sa puissance était grande, ses officiers et ses soldats innombrables. Ils dirent à ce prince que le pays de Samoudra avait une population nombreuse, de nombreux marchands et un roi puissant. Chehr-en-Naoui dit à ses officiers :

"Lequel d'entre vous serait capable de prendre le roi de Samoudra ?"

Un de ses officiers très fort et courageux, Aoui Ditchou, s'inclina et dit : "Seigneur, si Votre Majesté me donne 4 000 guerriers d'élite, je prendrai vivant le roi de Samoudra et le porterai au pied du trône de Votre Majesté."

Le roi lui donna 4 000 guerriers et 100 navires. Lorsqu'ils furent prêts, Aoui Ditchou fit voile vers Samoudra, feignant que les navires étaient occupés au commerce jusqu'au moment même où ils arrivèrent au terme du voyage. Puis il fit dire qu'il était ambassadeur du roi Chehr-en-Naoui, et le roi de Samoudra envoya quelques officiers pour le recevoir.

A l'atterrissage, Aoui Ditchou mit dans quatre coffres quatre vigoureux *houlou-balongs*, auxquels il dit : "Tout à l'heure, lorsque vous serez en présence du roi de Samoudra, ouvrez les coffres, sautez et saisissez le roi." Les coffres étaient fermés de l'intérieur. Ils les débarquèrent solennellement comme cadeaux du roi Chehr-en-Naoui. Lorsqu'ils furent en présence du prince, un message rédigé en termes flatteurs fut lu, et les coffres furent apportés. Aussitôt les *houlou-balongs* ouvrirent les coffres, bondirent et s'emparèrent du souverain. Les soldats poussèrent des cris féroces et dégaînèrent leurs armes pour attaquer la bande des hommes de Chehr-en-Naoui. Mais ce dernier s'écria :

"Si vous nous tombez dessus, nous tuerons votre roi."

donc interrompu leur attaque. Aoui Ditchou et son peuple revinrent, emmenant avec eux le roi de Samoudra. Ils traversèrent la mer et regagnèrent leur propre pays. Là, le roi-prisonnier fut conduit par Aoui Ditchou devant le roi Chehr-en-Naoui, qui fut très joyeux et combla d'honneurs le chef de l'expédition et tous ses compagnons. Quant au roi de Samoudra, ils en firent un éleveur de volailles.

Parlons maintenant de Sidi Ali Gaiath-ed-Din. Après avoir consulté les principaux ministres du pays de Samoudra, il équipa un navire et acheta une cargaison de marchandises arabes, car les habitants de Pasey connaissaient alors tous la langue arabe. Sidi Ali et les soldats qu'il embarqua avec lui sur le navire prirent toutes les mœurs et manières des Arabes. Le ministre étant à bord et tout étant préparé, ils s'embarquèrent pour le pays de Chehr-en-Naoui, où ils arrivèrent après un court voyage. Sidi Ali débarqua et alla se présenter au roi, portant en cadeau un arbre d'or dont les fruits étaient toutes sortes de pierres précieuses, et qui valait une somme presque inconcevable. Quand le prince vit ce cadeau, il demanda :

"Que veux-tu de moi ?"

Sidi Ali a répondu : « Nous ne voulons rien ».

Le roi fut très content, bien que surpris par un cadeau aussi magnifique. Et il se dit : "Maintenant, quel peut être le but de ces gens qui me donnent tout ça ?" Les prétendus Arabes retournèrent à leurs navires. Quelques jours après, le capitaine du navire revint rendre visite au roi. Cette fois, il apporta en cadeau un échiquier en or dont les pièces étaient en pierres précieuses, qui valait une somme énorme.

"Que veux-tu de moi ?" demanda encore le prince. "Parle, afin que je puisse te satisfaire."

Et ils ont répondu : « Nous ne demandons rien. »

Puis ils retournèrent au navire. Quelque temps plus tard, lorsque la mousson favorable éclata pour leur retour au pays, Sidi Ali Ghaiath réfléchit à son départ. Il alla voir le roi, chargé d'un présent composé de deux canards d'or, mâle et femelle, enrichis de pierres précieuses, et dans un grand bassin d'or. Il remplit d'eau cette bassine dorée, y mit les canards. Ils commencèrent à nager, à plonger et à se poursuivre, spectacle qui émerveilla beaucoup le roi.

« Je vous prie de me dire, dit -il , ce que vous désirez de moi. Par le Dieu que j'adore, je jure d'exaucer vos vœux.

Alors Sidi Ali répondit : "Seigneur, si c'est l'accomplissement de ta faveur, nous te supplions de nous donner ton aviculteur."

"C'est le roi de Pasey que vous me demandez. Mais très bien, je vous l'accorde."

« C'est parce qu'il est musulman, dirent les étrangers, que nous le demandons à Votre Majesté.

Le roi Chehr-en-Naoui livra donc le sultan Mélik-ed-Dhahir à Sidi Ali Gaiath-ed-Din, qui le prit à bord du navire, lui donna un bain, puis le revêtit des vêtements royaux. Le vent souffla, ils levèrent l'ancre, mirent à la voile, et au bout d'un certain temps arrivèrent au pays de Samoudra. Et Dieu connaît la vérité. Il est notre aide et notre refuge.

Nous allons maintenant parler du roi Mélik-el-Mansour à Samoudra. Ce prince dit un jour à Sidi Ali Asmai-ed-Din :

"J'aimerais aller voir comment va mon frère."

Le ministre répondit : « N'y allez pas, monseigneur, de peur du malheur. » Et en effet, il essaya de retenir son maître. Le prince ne voulut rien écouter, et finalement le ministre se tut. Il a fait battre les tambours pour annoncer : "Le sultan Mélik-el-Mansour va voir le pays de son frère".

Sidi Ali Asmai-ed-Din n'était pas satisfait. C'était un vieux ministre qui savait que de toute affaire des causes de troubles peuvent surgir. Mais c'était son devoir d'obéir. Le prince commença. Il fit le tour de la ville de Pasey, puis entra dans le palais du sultan Melik-ed-Dhahir. Là, il tomba amoureux d'une des dames d'honneur de la cour de son frère, et une querelle éclata entre les deux frères à cause d'elle. Le sultan Mélik-ed-Dhahir éprouvait au fond de son cœur une violente irritation envers son frère.

Il avait désormais un fils nommé Radja Ahmed, très jeune lorsque son père fut capturé, mais grand lorsque le prince fut restitué des mains de Chehr-en-Naoui. Sidi Ali Ghaiath-ed-Din s'étant retiré des affaires, un ministre nommé Parapatih Toulous Toukang Sikari l'avait remplacé dans ses fonctions ministérielles. Un jour le roi dit au ministre :

"Quelle est votre opinion concernant l'acte du sultan Mélik-el-Mansour ?"

Le ministre répondit : « Nous avons un moyen... »

"Mais," répondit le roi, "cela pourrait entraîner sa mort."

« S'il meurt, répondit le ministre, je ne m'appellerai plus Toukang.

"Donnez une fête de famille à votre fils le Sultan Ahmed. Nous inviterons le Sultan
Melik-el-Mansour au festival."

Le sultan Mélik-ed-Dhahir donna alors l'ordre de décorer la ville et fit les préparatifs de la fête, et envoya chercher le sultan Mélik-el-Mansour. Ce prince était avec Sidi Ali Asmai-ed-Din et ses officiers. Ils présentèrent le prince et son ministre, mais laissèrent les officiers dehors. Lorsqu'ils furent entrés, le sultan Melik-ed-Dhahir les fit saisir tous deux et ordonna à l'un de ses officiers de conduire son frère à Mandjang. « Quant à toi, dit-il à Sidi Ali, reste ici. N'essaye pas d'aller avec ton maître, sinon je te couperai la tête.

Sidi Ali répondit : "Plutôt que ma tête soit séparée de mon corps plutôt que le serviteur soit séparé de son maître."

donc la tête coupée. La tête a été jetée à la mer et le corps empalé à l'entrée de la baie de Pasey. Alors qu'ils conduisaient le Sultan Melik-el-Mansour vers l'est dans un *prabo* , au moment où ils arrivaient près de Djambou Ayer, le pilote aperçut une tête humaine flottant dans l'eau près du gouvernail. Il a reconnu la tête de Sidi Ali. Informé de cet événement, le sultan Mélik-el-Mansour fit sortir la tête de l'eau. C'était bien celui de son ministre. Jetant ses regards vers la terre : « Voici, dit-il, la Plaine des Illusions. » Et il porte encore aujourd'hui ce nom, « Padang-Maya ». Le prince envoya chercher son frère et réclama le corps de Sidi Ali ; il joignit la tête au corps et enterra les deux dans la Plaine de l'Illusion. Puis il est retourné à Mandjang.

Après le départ du sultan Mélik-el-Mansour, le roi Mélik-ed-Dhahir organisa la fête familiale. Le sultan Mélik-el-Mansour était à Mandjang depuis trois ans lorsque le sultan Mélik-ed-Dhahir pensa à son frère.

"Hélas," dit-il, "j'ai vraiment été trop imprudent. Pour une femme, mon frère a détrôné, et son ministre est mort."

Et le prince se repentit. Il ordonna à certains de ses officiers d'aller retrouver son frère à Mandjang. Ils ramenèrent donc le sultan Mélik-el-Mansour avec l'estime due à un roi. Arrivés près de la plaine de Maya, le prince débarqua pour visiter le tombeau de Sidi Ali Asmai-ed-Din. "Je te salue, mon père", dit-il. "Reste ici, mon père. Quant à moi, je m'en vais, appelé par mon frère."

De l'intérieur du tombeau Sidi Ali répondit : "Où irait le prince ? Il vaut mieux rester ici."

Lorsque le prince entendit ces paroles, il fit ses ablutions, dit quelques prières, puis s'étendit sur le tombeau et expira. Ils apportèrent au sultan Mélik-ed-Dhahir la nouvelle que son frère était mort, dans la plaine de Maya, dans le tombeau de Sidi Ali Asmai-ed-Din. Il partit aussitôt, se rendit sur place et fit enterrer son frère, le sultan Mélik-el-Mansour, avec les cérémonies des grands rois. Puis, de retour à Pasey, en proie au chagrin, il abdiqua le trône en faveur de son fils, le sultan Ahmed.

Quelque temps après, le sultan Melik-ed-Dhahir tomba malade. Il donna au sultan Ahmed ses dernières instructions. « Ô mon fils, dit-il, lumière de mes yeux, trésor de mon cœur, ne néglige jamais les conseils de tes anciens serviteurs. Dans toute affaire, prends conseil avec tes ministres. Ne néglige pas les devoirs de piété envers Dieu, le souverain Maître. . Méfiez-vous de l'injustice envers les hommes.

Le sultan Ahmed entendit en larmes les dernières paroles de son père. Le prince mourut et on l'enterra près de la mosquée.

Le sultan Ahmed a régné pendant de nombreuses années sur le trône et a gouverné avec beaucoup de justice. Or, l'auteur de ce récit raconte : "Il y avait à Pasey un serviteur de Dieu nommé Toun Djana Khatite. Cet homme fit le voyage à Singapour avec deux compagnons. Traversant la place de Singapour il passa devant le palais du Roi et vit le Reine. Près du palais se trouvait un arbre d'arec, et tandis que Toun Djana regardait la Reine, l'arbre se fendit en deux. A cette vue, le roi Sri Maharadja fut extrêmement irrité. « Vous voyez, s'écria-t-il, la conduite de Toun Djana Khatite. Pour attirer l'attention de la Reine, il a agi ainsi. Et il a ordonné de le tuer. Toun Djana a donc été conduit au lieu de punition, près d'une pâtisserie, où Toun Djana Khatite a reçu le coup de poing. poignard ; son sang coula sur la terre, mais son corps disparut et personne ne put jamais dire ce qu'il devenait. Le pâtissier couvrit le sang avec le couvercle du gâteau, et le couvercle du gâteau fut changé en pierre, qui est encore visible à Singapour. Selon une tradition, le corps de Toun Djana Khatite aurait été transporté à Langkaoui et y serait enterré."

Quelque temps plus tard, des monstres marins appelés *toudaks* attaquèrent Singapour. Ils sautèrent sur le rivage, et les gens qui s'y trouvaient moururent en grand nombre, rattrapés par ces *toudaks* . S'ils frappaient un homme à la poitrine, ils lui transperçaient le dos. S'ils frappaient le cou ou les reins, ils transperçaient d'un côté à l'autre. Il y a eu beaucoup de morts. Les gens couraient partout en pleurant :

"Les *toudaks* nous attaquent !"

"Que devons-nous faire?"

"Combien de morts ? Nous allons tous périr !"

Padouka Sri Maharadja en grande hâte monte sur l'éléphant et s'en va, suivi de ses ministres, de ses gardes du corps et de tous ses officiers. Arrivé au bord de la mer il voit avec horreur l'œuvre de ces monstres, les *toudaks* . Celui qui en était blessé périssait inévitablement. Le nombre des victimes est devenu de plus en plus grand. Le prince ordonna aux hommes de faire un rempart de leurs jambes, mais dans leurs bonds les *toudaks* réussirent à franchir cette barrière. Ils sont arrivés comme la pluie et le massacre a été terrible. Pendant que cela se passait, un jeune garçon dit :

"Pourquoi faire ainsi un rempart avec nos jambes ? C'est un artifice qui nous fait beaucoup de mal. Si nous faisions un rempart avec des troncs de bananiers, ne serait-ce pas mieux ?"

Lorsque Padouka Sri Maharadja entendit les paroles de l'enfant : « Il a raison », dit-il. Et sur ses ordres , ils s'empressèrent de construire une barrière de troncs de bananiers. Lorsque les *toudaks* arrivèrent en bondissant, leurs museaux furent enfouis dans les troncs d'arbres, et les hommes accoururent et les tuèrent. Il y a ainsi péri parmi ces *toudaks* un nombre incalculable. Leurs corps formaient des tas sur le rivage, et toute la population de Singapour ne suffisait pas à les manger. Et les *toudaks* cessèrent de bondir. On dit que par la force de leurs bonds les *toudaks* atteignirent l'éléphant du prince et déchirèrent la manche de son manteau. À ce sujet, ils ont fait une chanson :

"Les bondissements des *toudaks* déchirèrent Le manteau que portait le Sultan, Mais ici ils cessèrent leur attaque sauvage, Grâce à la sagesse d'un enfant."

Tandis que Padouka Sri Maharadja revenait, les grands lui dirent : " Seigneur, cet enfant, quoique si jeune, a beaucoup d'esprit. Que sera-t-il quand il sera grand ? Tu ferais mieux de t'en débarrasser. " C'est pourquoi ils trouvèrent juste que le roi donnât l'ordre de le tuer.

Après avoir fait périr ce jeune garçon, il semble que la ville de Singapour ait ressenti le poids de son sang.

Padouka Sri Maharadja régna encore quelque temps puis mourut. Il eut pour successeur son fils Padja Is Keuder Chah, qui épousa la fille de Toun Parapatih Toulous, et par elle eut un fils nommé Radja Ahmed Timang-timanganga Radja Besar Mouda. Ce jeune prince était beau et bien fait, sans égal à cette époque. Lorsqu'il fut majeur, son père le maria à la fille du roi Salamiam, roi de Kota-Mahlikie, qui s'appelait Kamar-al-Adjaaib, une princesse d'une beauté inégalée. Le roi Is Keuder Chah avait un *bendahari* , ou majordome, nommé Lang Radjouna Tapa, de la race des anciens habitants de Singapour, père d'une très belle fille à la cour du roi. Les autres dames de la cour calomnièrent cette jeune femme, et le roi, furieux, ordonna de l'empaler dans un coin de la place du marché.

Lang Radjouna Tapa a été extrêmement blessé par le traitement réservé à sa fille. « Si vraiment ma fille avait offensé, dit-il, vous auriez pu la faire tuer tout simplement. Mais pourquoi nous déshonorer ainsi ? À ce sujet, il écrivit une lettre à Java disant : « Si les Batara de Madjapahit souhaitent attaquer Singapour, qu'il vienne immédiatement, car je lui donnerai l'entrée dans les fortifications.

Lorsque le Batara de Madjapahit eut lu cette lettre il fit équiper 300 jonques et une grande quantité d'autres bateaux. Cent mille Javanais s'embarquèrent, traversèrent la mer et attaquèrent Singapour. Au bout de quelques jours, le roi Is Keuder ordonna à son majordome de porter du riz pour les rations des troupes. Lang Radjouna Tapa répondit : « Il n'y en a plus, mon Seigneur. Car il voulait le trahir. Au point du jour, il ouvrit les portes des fortifications et les Javanais entrèrent. A l'intérieur de la ville, il y eut un combat effréné. Tant de gens furent tués de chaque côté que le sang coula comme de l'eau. De là sont venues les traces de sang que l'on voit encore aujourd'hui dans la plaine de Singapour. Les indigènes cessèrent leur lutte et le roi Is Keuder s'échappa, descendant de Salitar jusqu'à la côte de Moara. Par la volonté de Dieu, la maison de Lang Radjouna Tapa a été renversée, l'entrepôt de riz est tombé en morceaux et le riz a été transformé en terre. Le *Bendahari* lui-même et sa femme furent changés en pierre, et ces pierres se trouvent encore dans le fossé de Singapour. Après cette victoire, les Javanais retournèrent à Madjapahit.

En arrivant à Moara, King Is Keuder s'arrête à la tombée de la nuit. Une multitude d'iguanes arrivaient et, quand le jour parut , ils les virent rassemblés en foule près de l'endroit où ils s'arrêtaient. Ils les tuèrent et jetèrent leurs corps dans la rivière. Mais la nuit, les iguanes sont de nouveau venus en masse. Le lendemain matin, les Singapouriens les tuèrent, mais cette nuit-là, de nombreux autres arrivèrent. De sorte que le lieu devint putride à cause de la multitude de leurs corps. Le quartier s'appelle encore Biaoak Bousok, ou « Iguanes putrides ».

Le roi Is Keuder Chah partit et arriva dans un autre endroit, où il construisit un fort. Mais tout ce qu'ils avaient construit de jour était renversé la nuit. Et l'endroit porte toujours le nom de Kota-Bourok, ou « Fort en ruine ».

A partir de là, le roi s'avança pendant plusieurs jours vers l'intérieur et arriva au Saning Oudjong. Il trouva cet endroit agréable et y laissa un ministre. C'est pourquoi Saning Oudjong est encore aujourd'hui la résidence d'un ministre. Alors le roi revint vers la côte près d'une rivière au bord de la mer. La rivière s'appelait Bartain. Keuder Chah s'est arrêté au pied d'un arbre très touffu. Puis il se mit à chasser. Son chien, poursuivant un gibier, fut heurté par la patte d'une petite gazelle blanche et tomba à l'eau. Là-dessus le prince s'écria :

"Voici un bon endroit pour construire une ville, car même les petites gazelles sont vaillantes ici."

Et tous les grands disaient : « Sa Majesté a raison. » Le Roi ordonna donc la construction d'une ville à cet endroit. Il demanda : « Quel est le nom de cet arbre contre lequel je m'appuie ?

Quelqu'un répondit : « C'est un arbre malaka. » « Très bien, dit-il, que Malaka soit le nom de la ville.

Le prince s'établit à Malaka. Il avait vécu trente-deux ans à Singapour, jusqu'à la prise de cette ville par les Javanais. Il vécut encore trois ans à Malaka, puis mourut, par les vicissitudes de ce monde, et eut pour successeur son fils Radja Besar Mouda.

Ce prince gouvernait avec justice. Il réglementait l'étiquette de la cour. Il créa d'abord un ministère des cérémonies pour diriger les gens qui venaient à Balerong, et quarante hérauts qui se tenaient sous le trône prêts à prendre les ordres du roi et à lui porter les paroles du public. Il institua parmi les fils des grands un corps de pages servant de messagers royaux et portant partout l'équipage royal.

Ce prince eut trois fils, Radeu Bagousa, Radeu Tengah et Radeu Anoumah, qui épousèrent tous les filles de Bauhara Toun Parapatih Toulous. A sa mort, Radeu Bagousa prit ses fonctions avec le titre de TounParapatih Permouka Berdjadjar.

Lorsque, par les vicissitudes du monde, le roi Besar Mouda mourut, son fils Radeu Tengah lui succéda. Ce dernier eut un fils appelé Radja Kitchil Bessar, qui à sa mort fut son successeur. Il était juste et défendait les intérêts de ses sujets. Personne à son époque parmi les rois du monde ne l'égalait en libéralité. Et la ville de Malaka devint grande, peuplée et le lieu de rencontre des marchands. Ce roi épousa une fille de Toun Parapatih Permouka Berdjadjar et eut d'elle deux fils, Radja Kitchil Mainbang et Radja Makat. Il régna un certain temps, lorsqu'une nuit il rêva qu'il se trouvait en présence du glorieux prophète de Dieu, sur qui soit la bénédiction ! Et le prophète lui dit : « Récite les paroles du credo. » Et Radja Kitchil Bessar a fait ce que le prophète avait ordonné.

"Votre nom sera Sultan Mahomet", dit le prophète. "Demain, au moment de l'Asr (dans l'après-midi), arrivera un navire de Djedda, d'où les hommes descendront prier sur le rivage de Malaka. Suivez tous leurs ordres."

"Oui, Seigneur," répondit le prince, "j'obéirai à ta parole."

Et le prophète a disparu. Le jour venu, le roi se réveilla. Il perçut sur son corps une odeur de nard et vit qu'il portait certaines marques. « Il est clair, pensa-t-il, que mon rêve ne vient pas de Satan. » Et il se mit à réciter sans relâche les paroles du credo.

Les dames d'honneur qui se trouvaient dans le palais furent très surprises d'entendre le roi parler ainsi. "Le Roi a-t-il été touché par Satan, ou a-t-il perdu la tête ? Hâtons-nous d'informer le *Bendahari* ." Ils coururent prévenir le *Bendahari,* qui arriva aussitôt, entra dans le palais et vit le roi répéter sans cesse les paroles du credo.

« Quelle est cette langue dans laquelle parle le roi ? dit le ministre.

« La nuit dernière, dit le roi, j'ai rêvé que j'étais en présence du glorieux prophète. Et il raconta son rêve au *Bendahari* .

« Si votre rêve n'est pas une illusion, dit celui-ci, quel est le signe ?

"Voici le signe qui prouve que j'ai bien vu en songe le prophète de Dieu. De plus, le prophète m'a dit : 'Aujourd'hui, à Asr, arrivera un navire de Djedda, d'où le peuple descendra vers dites leurs prières sur le rivage de Malaka. Suivez leurs instructions.'"

Le *Bendahari* fut surpris de voir les marques sur le roi.

" En vérité, dit-il, si un navire arrive à l'heure indiquée, alors votre rêve est une réalité. S'il n'arrive pas, nous jugerons que Satan a dû troubler votre esprit. "

Le roi répondit : « Mon père a raison. » Et le *Bendahari* retourna chez lui.

Or, à l'heure d'Asr, arriva un navire de Djedda qui jeta l'ancre. Le capitaine arriva à terre. Il s'appelait Sidi Abd-el-Aziz. Il a dit ses prières sur la rive de Malaka. Les habitants, étonnés de ce spectacle, dirent :

"Pourquoi se penche-t-il ainsi et se prosterne-t-il ainsi ?"

Et pour mieux le voir, le peuple se pressait, ne laissant aucune place libre et faisant un grand tumulte.

Le bruit atteignit le palais, et le roi monta sur un éléphant et vint en toute hâte, accompagné de ses grands. Il vit le maître faire toutes les cérémonies de sa prière, et tout était évidemment en accord avec le rêve.

"C'est exactement comme dans mon rêve", s'écria-t-il aux *Bendahari* et aux grands.

Lorsque le maître eut fini de prier, le roi fit baisser son éléphant, prit le maître avec lui et le porta au palais. Les *Bendahari* et les grands devinrent tous musulmans, et par ordre du roi toute la population, hommes et femmes, grands et petits, jeunes et vieux. Le maître enseigna au roi les cérémonies de prière et lui donna le nom de sultan Mahomet Chah. Le *Bendahari* reçut le titre de Sri Ouak Radja ; c'est-à-dire « oncle paternel du roi », ce qu'il était en fait. Et c'est le premier titre du *Bendahari* .

Le sultan Mahomet réglementait les coutumes cérémonielles de la cour. Il fut le premier à interdire le jaune pour les vêtements des étrangers à la cour, pour les mouchoirs, les bordures de rideaux, les taies d'oreiller, les matelas, les couvertures de toutes sortes, les ornements de toute nature, ainsi que pour la décoration des maisons.

De plus, l'utilisation de seulement trois types de vêtements était autorisée : le *kain* , le *badjoa* et le *destar* . Il était également interdit de construire des maisons avec des saillies soutenues par des piliers ne touchant pas le sol, ou avec des piliers dépassant du toit ou avec des observatoires. Les *prahos* ne pouvaient avoir aucune fenêtre devant. Il était interdit de porter des fermoirs ou des ornements en or sur le *kris* . Aucune personne étrangère à la cour ne pouvait avoir des bagues en or, des épingles ou des bracelets tintants en or et en argent. Personne sans le consentement royal n'avait le droit de porter sur ses vêtements une dorure de quelque sorte que ce soit ; mais l'autorisation une fois accordée, on pouvait la porter indéfiniment. Lorsqu'un homme se présentait au palais, s'il avait un vêtement tombant sous la ceinture, si son *kris* n'était pas attaché devant, s'il n'était pas vêtu d'un *sabec* , il n'était pas admis, quelle que soit sa distinction. Si quelqu'un entrait avec son *kris* attaché derrière, l'officier le lui retirait.

Telles étaient autrefois les défenses des rois malais. Celui qui transgressait était coupable de *lèse-majesté* et était condamné à payer une amende de un à cinq katis. Les parasols blancs étaient plus appréciés que les parasols jaunes, car ils pouvaient être vus à une plus grande distance. C'est pourquoi ils ont été mieux classés ; les premiers étaient destinés au roi et les seconds aux princes. Les objets de l'usage privé du roi, tels que le crachoir, l'aiguière pour ses ablutions, l'éventail et autres objets semblables, n'avaient pas de place fixe, sauf le plateau à bétel et l'épée, qu'ils gardaient à droite et à gauche du roi. le souverain. A l'arrivée et au départ d'un ambassadeur, les serviteurs du Roi rapportaient du palais des plats et des bassines qui étaient reçus par le chef des *bataras* et déposés près du *bendahari* . Ils remirent un plat et un foulard au porteur de la lettre. Si la missive venait de Pasey ou de Harau, elle était reçue avec toute la pompe royale : tambour, flûte, trompette, timbale et deux ombrelles blanches réunies ; mais le clairon ne figurait pas à cette réception. Les ministres précédaient l'éléphant porteur du message, les bataras le suivaient avec le *sida-sida* . La lettre fut portée par le chef de la *bedaouenda* , et l'on plaça l'éléphant à l'extrémité du *balei* . Car les rois de ces deux pays étaient égaux en grandeur au roi de Malaka. Plus jeunes ou plus âgés, tous ont fait le salam.

Parvenue à la salle d'audience, la lettre fut reçue par le chef des hérauts de droite, celui de gauche étant chargé de transmettre les paroles du roi à l'ambassadeur, et le héraut de droite transmit la réponse. Si le message venait d'un autre pays que Pasey et Harau, ils supprimaient une partie des hommes. Le *cortège* ne comprenait que le tambour, la flûte et un parasol jaune. Ils prirent, comme il convenait, tantôt un éléphant, tantôt un cheval, et s'arrêtèrent devant la première porte extérieure. Lorsque le message venait d'un souverain plus considérable, ils employaient la flûte et deux ombrelles, une blanche et une jaune. L'éléphant passa par la porte extérieure, car autrefois l'entrée royale comprenait sept fortifications. A son départ, l'ambassadeur reçut une investiture complète, même s'il n'était qu'un simple ambassadeur de Rakan. Le même cadeau a été offert à nos propres ambassadeurs au moment de leur départ.

Lorsque le roi conféra un titre, il donnait audience au *falerong* , selon la procédure suivante : Selon le rang, la personne à honorer était amenée à dos d'éléphant, à cheval, ou simplement à pied, avec parasol, tambour et flûte. . Il y avait des parasols verts, bleus et rouges. Les plus nobles étaient le jaune et le blanc, qui, avec les timbales, représentaient le comble de la distinction. Le jaune à la trompette était aussi très distingué ; ils étaient les ombrelles des princes et des plus grands personnages. Les parasols violets, rouges et verts étaient ceux des *sida-sida* , des *bataras* et des *houlou balongs* . Les bleus et les noirs servaient à toute autre personne convoquée pour recevoir un titre. Lorsque le personnage arriva au palais, il fut retenu dehors. Puis ils lurent devant le roi un très beau morceau. C'était un descendant de Batl qui occupait cette fonction. L'article a été lu, ils l'ont retiré. Celui qui l'a reçu était de la famille du candidat aux honneurs. Avec cette pièce, ils apportèrent un foulard *tétampan* avec lequel le lecteur investit le candidat, qu'il introduisit ensuite dans la salle d'audience. Là, une natte était tendue sur laquelle il pouvait s'asseoir à l'endroit désigné par le roi.

Puis sont arrivés les vêtements. Pour un personnage promu aux rangs du *bendahari,* il y avait cinq plateaux. Les fils des radjas et les grands officiers n'avaient que quatre plateaux, et ainsi de suite jusqu'aux différents grades. Les serviteurs du Roi chargés de cette fonction s'approchaient du bénéficiaire et lui déposaient les vêtements sur les épaules. Il croisa les bras pour maintenir les vêtements en place, et ils l'emmenèrent dehors. L'étiquette en était la même pour les ambassadeurs investits, chacun selon les droits de son rang. Le bénéficiaire s'est habillé dehors puis est rentré. On le décorait d'un fronteau et de bracelets, car tout homme qui recevait un titre portait des bracelets, chacun selon sa dignité. Certains portaient des bracelets en forme de dragon avec des amulettes, d'autres des bracelets de pierres précieuses, d'autres d' émail bleu, d'autres d'argent. Ceux-ci les portaient aux deux poignets, ceux-là à un seul. Le bénéficiaire ainsi décoré alla s'incliner devant le Roi. Puis il revenait accompagné selon son rang, ou par la personne qui l'avait présenté. Le *cortège* comprenait tantôt un tambour et une flûte seule, tantôt des trompettes ou des timbales, tantôt une ombrelle blanche ; mais l'ombrelle blanche était un honneur rare, ainsi que les timbales, car l'ombrelle jaune et la trompette étaient très difficiles à obtenir à cette époque.

Les jours de fête, lorsque le roi sortait en palanquin, il était entouré de hauts officiers de l'État. En tête, devant le souverain, marchaient les *bataras* et les *houlou balongs*, chacun suivant sa charge. Les fantassins, également devant le roi, portaient les insignes royaux. Les piques royales étaient à droite et à gauche ; les *bataras* avaient l'épée à l'épaule. Devant eux marchaient les lanciers. Lorsque le roi donne une fête , c'est le *panghoulou bendahari* qui arrange tout à l'intérieur du palais, tend les nattes, décore le *balerong* et place les *coups* aux plafonds. C'est lui qui veille aux repas et envoie les invitations ; car les serviteurs du Roi, ses *bendahari* , ses collecteurs d'impôts et le receveur du port dépendent tous de l'administration du *panghoulou bendahari* . Il invite les invités et le *temonggoreg* les installe. Dans le hall, les convives mangent quatre par plat, jusqu'au bout de l'estrade. S'il manque un des quatre, les autres mangent sans lui, par trois ou par deux, ou même un seul. Car il n'est pas permis à ceux d'en bas de monter pour constituer le nombre. Le *Bendahari* mange seul ou dans le même plat que les princes.

Telle était autrefois l'étiquette de Malaka. Il y avait bien d'autres règlements, mais les raconter tous fatiguerait l'attention de mes lecteurs. Au mois de Ramadhau, la vingt-septième nuit, alors qu'il faisait encore jour, ils allèrent en cérémonie faire des adorations à la mosquée. Le *Temonggoreg* était à la tête de l'éléphant. Ils apportèrent d'abord solennellement à la mosquée le plateau à bétel, les insignes royaux et le tambour. La nuit venue, le roi partit pour la mosquée, suivant le cérémonial des jours de fête, fit la prière des parfums et revint.

Le lendemain, le *laksamana* portait officiellement le turban, car les rois malais avaient l'habitude d'aller à la mosquée avec un turban, un *badjon* et un *paréo* . Ces vêtements étaient interdits lors des mariages, sauf autorisation expresse. Il était également interdit de s'habiller à la mode hindoue. Seules les personnes qui portaient ce costume depuis longtemps étaient autorisées à le porter lors des prières et des mariages. Les jours de fête, grands ou petits, les *bendahari* et les grands se rassemblaient au palais, et les *panghoulou bendahari* apportaient en pompe le palanquin. Dès qu'ils le virent apparaître, les personnes assises dans le *balei* descendirent et se tinrent debout. Sept fois ils frappèrent le tambour, et chaque fois la trompette sonna. Après le septième, le roi partit sur un éléphant et arriva à la plate-forme érigée à cet effet, qu'il monta. A sa vue, tous ceux qui étaient présents s'inclinèrent jusqu'à terre, sauf le *Bendahari* , qui monta sur l'estrade pour le recevoir. Le palanquin s'étant approché, le roi s'y plaça, et ils partirent pour la mosquée selon le cérémonial sus-mentionné.

Telle était autrefois l'étiquette des rois malais. Tel je l'ai appris, tel je le raconte. Si je commets une erreur, je désire être convaincu par quiconque aura prêté attention à cette histoire et j'implore l'indulgence du lecteur.

LA PRINCESSE DJOUHER-MANIKAM

[*Traduit par Aristide Marre et Chauncey C. Starkweather*]

C'est l'histoire de la princesse Djouher-Manikam, dont la renommée est célébrée dans toutes les terres, au vent et sous le vent.

Il y avait dans la ville de Bagdad un roi nommé Haroun-er-Raschid, souverain d'un vaste empire. C'était un prince qui craignait Dieu le Tout-Puissant et digne de toute louange, car c'était un roi descendant du prophète. Après avoir vécu quelque temps dans son royaume, il désira se lancer en pèlerinage. Il s'adressa donc à ses ministres et à ses chefs militaires et leur parla ainsi :

"Ô vous tous, mes sujets, mes officiers, quelle est votre opinion ? Je voudrais faire un pèlerinage à la maison de Dieu."

Le cadi, se prosternant, répondit : « Sire, Roi du monde, la volonté de Votre sublime Majesté est bien juste, mais à mon avis votre départ causerait la ruine des habitants des champs, et de celles de vos sujets qui l'accompagnent. tu auras beaucoup à souffrir.

Le prince, ayant entendu ces paroles, dit : « L'opinion du cadi est loyale, et vous, mes officiers, dites quel est votre avis.

Les officiers se levèrent, puis se prosternèrent et parlèrent ainsi : « Sire, Roi du monde, nous, vos serviteurs, vous supplions mille et mille fois de faire descendre sur nos têtes votre pardon, mais comment Votre Majesté accomplira-t-elle ? le pèlerinage ? En qui peut-on se fier pour protéger le pays et veiller sur le palais ?

Le prince ayant entendu ces paroles de ses officiers, dont aucun n'approuvait le pèlerinage, garda le silence et retint sa colère, puis partit et retourna au palais. Quelques jours après, par la volonté du Dieu Très-Haut , le cœur du prince ressentit plus vivement encore le désir de faire le pèlerinage. Il donna l'ordre de rassembler les interprètes de la loi, les sages et les *muftis* , ainsi que les officiers. Lorsqu'ils furent tous réunis, le prince se rendit à la salle d'audience, et là, devant les officiers de la cour, il interrogea un des médecins. C'était le *mufti* de la ville de Bagdad. Il se prosterna et dit : « Le pèlerinage de Sa Majesté serait une excellente œuvre, mais est-il d'une nécessité absolue ? Car le voyage sera très long, et il n'y a personne, monseigneur, qui soit capable de régner sur le lieu de Votre sublime Majesté.

Le prince répondit : "Celui en qui nous plaçons d'abord notre confiance, c'est Dieu. Nous espérerons alors dans la bénédiction de son envoyé. Nous laisserons ici le cadi, et s'il plaît à Dieu le plus haut, nous reviendrons promptement comme dès que nous aurons accompli le pèlerinage.

Le roi fit donc équiper et pourvoir de toutes sortes de provisions ceux de ses sujets qui allaient l'accompagner, et quand le moment favorable fut arrivé, il partit avec la reine, quelques demoiselles d'honneur, et son fils nommé Minbah Chahaz. Il prit son fils, mais il laissa derrière lui, gardée au palais, sa fille appelée la princesse Djouher-Manikam. À cette époque, personne dans le pays de Bagdad ne surpassait en beauté la princesse Djouher-Manikam. De plus, elle avait dans son cœur la crainte de Dieu la plus haute et la plus digne de toutes les louanges, et ne cesserait pas ses prières.

Après un certain temps de voyage, le prince son père arriva à La Mecque et remplit ses devoirs de pèlerin. Il récitait les prières appropriées. Mais voyant qu'il y avait encore une grande quantité de provisions, le prince dit à ses officiers :

"Il est bon pour nous d'attendre environ un an, car nos provisions sont encore considérables."

Les officiers répondirent : « C'est bien, seigneur du monde ! Quels que soient les ordres de Votre Majesté, nous les plaçons au-dessus de nos têtes. " Puisqu'il en est ainsi, répondit le prince, il convient que nous envoyions une lettre ainsi conçue : Paix et bénédiction sur le cadi : Je place ma confiance en Dieu d'abord, et dans le cadi, pour garder mon royaume. , palais, et mon enfant la princesse Djouher-Manikam. Soyez un gardien fidèle, ne négligez rien dans les soins à donner à mon royaume, car je vais rester encore un an pour le grand pèlerinage.'"

La lettre du prince parvint au cadi. Celui-ci mit tous ses efforts à la bonne administration du pays, et, selon les paroles du prince, il évita toute négligence.

Mais une nuit, alors qu'il veillait près des fortifications du palais du Roi, Satan vint à lui et glissa dans son cœur une tentation. Le cadi pensa en son cœur : « La fille du Roi est d'une beauté merveilleuse ; son nom, Djouher-Mani-kam, est charmant ; et son visage est beau. Puisqu'il en est ainsi, je dois épouser cette fille du Roi. Le cadi appela l'homme qui gardait la porte en s'écriant :

"Ho ! Gardien de la porte ! Ouvre-moi."

Le gardien de la porte demanda : « Qui est là ?

Le cadi répondit : "C'est moi, le cadi."

donc promptement la porte, et le cadi entra dans la fortification, puis monta dans le palais et y trouva la princesse en train de faire ses prières du soir. Il se cacha derrière la lampe dans un coin sombre. Quand sa prière fut terminée, la Princesse Djouher-Manikam jeta ses yeux dans cette direction et vit qu'il y avait quelqu'un qui se tenait là dans l'ombre, alors elle répéta trois fois encore le « verset du Trône » ; mais elle vit que la vision n'avait pas encore disparu de ses yeux.

Alors la princesse dit en son cœur : " Qu'est-ce que c'est que ça ? Est-ce un fantôme ? Est-ce un démon ? Est-ce un djinn ? Si c'était le cas, il aurait forcément disparu lorsque j'ai récité le verset du Trône. '"

Le cadi entendit ces paroles et dit : "Ô Princesse Djouher-Manikam, c'est moi, le cadi."

"Que faites-vous ici?" demanda la princesse. Il répondit : « Je souhaite t'épouser. »

La princesse Djouher-Manikam dit : " Ô cadi ! Pourquoi agis-tu ainsi envers moi ? N'as-tu donc aucune crainte du Dieu le plus haut et digne de toute louange ? Ne rougis-tu pas devant la face de mon ancêtre le prophète Mahomet, le envoyé de Dieu ? Que la paix et les bénédictions de Dieu soient sur lui ! Quant à moi, je suis la servante du Seigneur et j'appartiens à la religion de l'envoyé de Dieu. J'ai peur de me marier maintenant. Et toi, cadi, pourquoi " "

Le cadi, entendant ces paroles de la princesse Djouher-Manikam, ressentit dans son cœur une grande confusion. Il sortit du palais et rentra chez lui plein d'ennuis et d'émotion. Lorsqu'il fit jour, le cadi envoya une lettre au roi Haroun-er-Raschid à La Mecque. Elle fut ainsi conçue : "Votre Majesté m'a laissé pour être le gardien de son royaume, de son palais et de sa fille. Maintenant, la princesse Djouher-Manikam désire m'épouser. C'est la raison pour laquelle j'adresse cette lettre à Votre Majesté." Ainsi parlait le cadi dans sa lettre.

Lorsqu'il parvint au prince et qu'il l'eut lu, il convoqua immédiatement son fils Minbah-Chahaz. Il arriva en toute hâte, et le roi lui donna un coutelas et lui dit : « Retourne à Bagdad et tue ta sœur, car elle fera honte à la famille en se mariant maintenant. »

Minbah-Chahaz s'inclina devant son père. Puis il entreprit de retourner dans son propre pays.

Arrivé au terme de son voyage, il entra dans la ville, et monta au palais de la princesse Djouher-Manikam. Elle fut remplie de joie et dit : « Bienvenue, ô mon frère !

Minbah-Chahaz répondit : "Ô ma petite sœur, nos parents resteront pour le grand pèlerinage."

Le frère et la sœur discutant ainsi ensemble, la princesse Djouher-Manikam dit : " Ô mon frère, je veux dormir. "

"C'est bien, ma sœur", répondit Minbah-Chahaz; "Dors pendant que ton frère coiffe les cheveux de sa petite sœur." Et la princesse Djouher-Manikam dormait.

Son frère prit alors un coussin, qu'il glissa sous la tête de la jeune vierge sa sœur ; alors il pensa dans son cœur : « Si je n'exécute pas les commandements de mon père, je serai un traître envers lui. Mais, hélas, si je tue ma sœur, je n'aurai plus de sœur. Si je ne le fais pas " Si tu la tues, je commettrai certainement un crime contre le Très-Haut , parce que je n'aurai pas obéi à l'ordre de mon père. J'accomplirai alors la volonté de mon père. C'est un devoir obligatoire pour tous les enfants. A quoi servent ces subterfuges ? " Sa résolution ainsi confirmée, il attacha son mouchoir sur ses yeux et dirigea son coutelas contre le cou de sa sœur. Mais à cet instant, par la volonté de Dieu le plus haut , une petite gazelle s'approcha et, par la puissance de Dieu le plus haut, posa son cou sur le cou de la princesse Djouher-Manikam, en disant : "Je prendrai le place de la princesse Djouher-Manikam." Et la petite gazelle a été tuée par Minbah-Chahaz. Cela fait, il ouvrit les yeux et aperçut une petite gazelle morte, la gorge tranchée, à côté de sa jeune sœur la princesse Djouher-Manikam.

À cette vue, Minbah-Chahaz fut frappé d'étonnement. Il pensa en son cœur : « Puisqu'il en est ainsi de ma sœur, elle doit être entièrement innocente et ne peut avoir commis la moindre faute. Néanmoins, bien que je sois sûr qu'elle a été calomniée par le cadi, je dois dire à mon père que j'ai je l'ai tuée."

Minbah-Chahaz partit alors pour La Mecque, pour retrouver le prince son père. Arrivé à La Mecque , il présenta à son père le coutelas encore taché de sang. Le roi Haroun-er-Raschid s'écria : « Louange à Dieu, le Seigneur des mondes. Notre honte est maintenant effacée, puisque vous avez poignardé votre sœur et qu'elle est morte. Tels furent les faits de cette première histoire.

La princesse Djouher-Manikam, s'étant réveillée après le départ de Minbah-Chahaz, vit que son frère n'était plus là, mais qu'à ses côtés il y avait une petite gazelle égorgée. Elle pensa en son cœur : « Le cadi m'a calomniée auprès de mon père, et c'est pourquoi mon frère est venu ici avec l'ordre de me tuer. La princesse Djouher-Manikam éprouva une grande honte et pensa en son cœur : « Puisqu'il en est ainsi, je dois me retirer dans un endroit caché. Or, dans le parc du Roi, il y avait un endroit solitaire au milieu d'une vaste plaine déserte. Il y avait là un étang d'aspect très agréable, de nombreuses espèces d'arbres fruitiers et de fleurs, et un oratoire magnifiquement construit. La princesse Djouher-Manikam partit et se retira en ce lieu pour prier Dieu le plus haut et le plus digne de toutes louanges. Elle y était établie depuis quelque temps lorsque, par la volonté de Dieu le plus haut , une certaine chose arriva.

DEUXIÈME HISTOIRE

Il y avait au pays de Damas un roi qui s'appelait Radja Chah Djouhou. Ce roi souhaitait aller chasser dans les forêts désertes. Son premier ministre lui dit en s'inclinant profondément : « Ô monseigneur, Roi du monde, pourquoi Votre Majesté souhaite-t-elle aller chasser à l'étranger ?

Le roi Chah Djouhou répondit : "J'insiste sur mon projet d'aller chasser en terres étrangères, dans des forêts très éloignées des nôtres. Je souhaite aller de lieu en lieu, de plaine en plaine. Telle est ma volonté." Le prince partit donc accompagné de ses ministres, de ses chefs et de ses serviteurs.

Ils chassaient tous depuis un certain temps et n'avaient pas encore trouvé un seul morceau de gibier. Le prince avait dirigé sa marche vers les forêts du pays de Bagdad. Ces forêts étaient d'une immense étendue. La chaleur était excessive, et le prince, ayant très soif, avait envie de boire de l'eau. Les gens qui portaient généralement de l'eau pour le roi lui disaient : « O seigneur, souverain du monde, les réserves d'eau de Votre Majesté sont entièrement épuisées.

Le prince demanda alors à ses officiers et à ses serviteurs : « Lequel d'entre vous pourra m'apporter de l'eau ? Je le récompenserai par des richesses et des esclaves.

Ces paroles ont été entendues par l'un de ses officiers nommé Asraf-el-Kaum. Il dit : "Ô mon seigneur, souverain du monde, donne-moi le vase qui servira d'eau, et j'irai chercher de l'eau pour Votre Majesté."

Alors le prince dit aux gens qui lui avaient apporté de l'eau : « Remettez ma cruche d'émeraude entre les mains d'Asraf-el-Kaum. »

Ce dernier s'inclina profondément et commença à chercher de l'eau. Apercevant de loin un très gros figuier, il s'avança dans cette direction. En arrivant près de l'arbre, il aperçut à sa base un oratoire et un étang. A l'oratoire se trouvait une femme d'une très grande beauté. La splendeur de son visage brillait comme celle de la pleine lune à son quatorzième jour. Asraf-el-Kaum, étonné et ému d'admiration, pensa en son cœur : « Est-ce une créature humaine, ou est-ce un péri ? et Asraf-el-Kaum salua la princesse Djouher-Manikam, qui lui rendit le salut.

Alors la princesse lui demanda : « Quel désir as-tu en venant ici chez moi ?

Asraf-el-Kaum répondit : « Je suis venu ici pour vous demander de l'eau, car je me suis égaré. »

La princesse dit : « Prends de l'eau, seigneur. »

Asraf-el-Kaum plongea le pichet d'émeraude dans l'étang et le remplit d'eau. Puis il a demandé la permission de revenir.

Arrivé près du Roi Chah Djouhou il présenta la cruche au prince, qui s'en saisit précipitamment et but.

"Asraf-el-Kaum", dit le prince, "où as-tu trouvé une eau si fraîche et si délicieuse ? De toute ma vie, je n'en ai jamais bu pareille."

Asraf-el-Kaum répondit : « Ô mon seigneur, souverain du monde, il y a un jardin au milieu de la plaine, et dans ce jardin il y a un figuier très grand et touffu, et au pied de cet arbre il y a un étang, et près de cet étang il y a un oratoire. Dans cet oratoire il y avait une femme qui lisait le Coran. Cette femme d'une beauté charmante n'a pas d'égale dans ce monde. Je l'ai saluée puis je suis revenue en présence du souverain. du monde. C'est ce que j'ai vu, mon seigneur.

" Conduisez-moi à cet endroit ", dit le roi.

"Ô souverain du monde, si Votre Majesté veut y aller, que ce soit avec moi seul. Que mon seigneur n'emmène pas son peuple avec lui, car c'est une femme, et naturellement elle aurait honte."

Le prince partit alors à cheval avec Asraf-el-Kaum. La princesse Djouher-Manikam, voyant approcher deux cavaliers , pensa en son cœur : « Il faut que je me cache, pour ne pas être vue. Elle quitta donc l'oratoire et se dirigea vers le figuier. Elle adressa à Dieu une prière la plus haute et la plus digne de toute louange, en ces termes :

"Ô Dieu, je t'en supplie, donne-moi un refuge dans cet arbre, car ton serviteur,
ô Seigneur, a honte de regarder les visages de ces infidèles."

Puis par la volonté de Dieu le plus haut , l'arbre s'ouvrit en deux et la princesse Djouher-Manikam entra par la fente, et l'arbre se referma et redevint tel qu'il était auparavant. Le roi Chah Djouhou et Asraf-el-Kaum arrivèrent à l'oratoire, mais le prince ne vit rien de la princesse Djouher-Manikam. Il fut étonné et dit :

"Ô Asraf-el-Kaum, la femme est partie. Mais il y a un instant je l'ai vue de loin, assise à l'oratoire, et maintenant elle a soudainement disparu." Le prince ajouta : « Ô Asraf-el-Kaum, peut-être, comme pour le prophète Zacharie (que soient les bénédictions !), sa prière a été exaucée et elle est entrée dans cet arbre.

Puis il offrit à Dieu cette prière la plus haute et la plus digne de toute louange : « Ô Dieu, si tu permets que cette femme s'unisse à ton serviteur, alors accorde-la-lui. »

La prière du Roi Chah Djouhou fut entendue, et une femme d'une beauté éblouissante apparut devant ses yeux. Il voulut la saisir, mais la princesse

Djouher-Manikam prononça ces mots : « Gardez-vous de me toucher, car je suis une vraie croyante. En entendant ces mots le Roi Chah Djouhou recula, un peu honteux. Il a ensuite dit:

"Femme, quel est ton pays ? De qui es-tu l'enfant et quel est ton nom ?"

La princesse répondit : "J'habite ici depuis longtemps et je n'ai ni père ni mère. Je m'appelle Djouher-Manikam."

Le Roi, entendant ces paroles de la princesse Djouher-Manikam, ôta son manteau et le donna à la princesse, qui en couvrit tout son corps. Puis elle se leva et descendit au sol. Alors le roi Chah Djouhou, descendant de cheval, la reçut, la mit sur son cheval, et l'emmena au pays de Damas.

Asraf-el-Kaum dit alors au roi : « Ô mon seigneur, souverain du monde, tu as fait une promesse à ton serviteur. Ne sois pas insouciant ni oublieux, mon seigneur.

"Asraf-el-Kaum, ne sois pas dérangé. Je tiendrai ma promesse. S'il plaît à Dieu, quand je serai arrivé dans notre propre pays, je te donnerai certainement tout ce que je t'ai promis."

Le roi Chah Djouhou partit pour le pays de Damas.

Après un certain temps de chemin, le prince arriva à la ville de Damas et entra dans son palais. Il ordonna à un de ses pages d'appeler le cadi, et un page alla aussitôt l'appeler. Celui-ci entra en toute hâte devant le roi. Chah Djouhou dit : "Ô cadi, marie-moi à la princesse Djouher-Manikam." Et le cadi les épousa. Après la célébration du mariage, le prince Chah Djouhou donna à Asraf-el-Kaum 1 000 dinars et quelques-uns de ses esclaves, hommes et femmes. Le roi Djouhou et la princesse Djouher-Manikam étaient heureux et pleins de tendresse l'un pour l'autre. En quelques années, la princesse eut deux fils, tous deux très beaux. Le prince aimait beaucoup ces enfants. Mais il aimait avant tout sa femme. Il était plein d'une tendre sollicitude pour elle, et se comportait à son égard avec la même attention qu'un homme qui porte de l'huile dans le creux de sa main. Quelque temps plus tard, la princesse Djouher-Manikam eut un autre fils d'une grande beauté. Le prince aimait tendrement ce troisième enfant. Il lui donna un grand nombre de nourrices et de gouvernantes, comme c'est l'usage pour les enfants des plus grands rois. Et il ne cessa de lui prodiguer les soins les plus vigilants.

Il arriva un jour que les ministres, les chefs et les courtisans du roi, tous réunis en sa présence, se livraient à toutes sortes de jeux et d'amusements. Le prince se montra très joyeux, et la princesse elle-même jouait et s'amusait avec les trois enfants. Son visage brillait de l'éclat des rubis ; mais, en pensant à son père, à sa mère et à son frère, elle se mit à pleurer et dit : « Hélas ! que je suis malheureuse ! Si mon père, ma mère et mon frère pouvaient voir mes trois

enfants, nécessairement leur affection pour moi diminuerait. soit plus grand."
Et la princesse Djouher-Manikam éclata en sanglots. Le prince, qui n'était
pas loin de là, l'entendit, et comme la princesse ne cessait de pleurer , il lui
demanda : " Ô princesse, pourquoi pleures-tu ainsi ? Qu'est-ce qui me
manque à tes yeux ? Est-ce la richesse ou la beauté physique ou noble
naissance ? Ou est-ce l'esprit de justice ? Dis-moi quelle est la cause de tes
larmes ?

La Princesse Djouher-Manikam répondit : " Souveraine du monde, Votre
Majesté n'a pas un seul défaut. Vos richesses égalent celles d'Haroun. Votre
beauté égale celle du prophète Joseph (que la paix soit sur lui !). Votre
extraction égale celle de l'envoyé. de Dieu (Mahomet). Que la bénédiction de
Dieu et les bénédictions reposent sur lui ! Votre justice égale celle du roi
Rouchirouan. Je ne vois pas un seul défaut en vous, monseigneur.

Le roi Chah Djouhou dit : « S'il en est ainsi, pourquoi alors ma princesse
verse-t-elle des larmes ?

La Princesse Djouher-Manikam répondit : « Si j'ai pleuré ainsi en jouant avec
mes trois enfants, c'est parce que je pensais que si mon père, ma mère et mon
frère voyaient mes trois enfants, forcément leur affection pour moi serait plus
grande. Et c'est pourquoi j'ai versé des larmes.

Le roi Chah Djouhou lui dit : "Ô ma jeune épouse, chère princesse, ton père
et ta mère vivent-ils encore ? Comment s'appelle ton père ?"

La princesse Djouher-Manikam répondit : "Ô mon seigneur, mon père
s'appelle
Haroun-er-Raschid, roi de Bagdad."

La serrant dans ses bras et l'embrassant, le prince lui demanda : « Pourquoi,
jusqu'à ce jour, n'as-tu pas dit la vérité à ton mari ?

Et la princesse répondit : "Je voulais avouer la vérité, mais peut-être que mon
seigneur n'aurait pas eu la foi. C'est à cause des enfants que je dis la vérité."

Le roi Chah Djouhou répondit : " Puisqu'il en est ainsi, il convient que nous
commencions et fassions une visite au roi Haroun-er-Raschid. "

Il appela ses ministres, leur ordonna de faire tous les préparatifs, et leur
ordonna de mettre en ordre les lingots d'or et les lingots d'argent sur lesquels
étaient gravés le nom du roi Haroun-er-Raschid ; et les vêtements de ses
ministres, tissés de poils de chèvre et de laine fine, des étoffes de prix, de
toutes sortes de superbes pierres précieuses de diverses couleurs, formaient
le fardeau de quarante chameaux, qui portaient ces présents au roi, son beau-
père, dans la ville de Bagdad.

Durant la nuit, la princesse Djouher pensa en son cœur : « Si les deux rois se rencontrent, il y aura forcément discorde, et à la fin séparation. Ayant ainsi pensé, elle dit à son mari : « Ô souverain du monde, ne pars pas en même temps que moi, car à mon avis la rencontre des deux rois aurait pour résultat final un désaccord. Permettez-moi donc de commencez d'abord par les trois enfants, afin que je les présente à mon père et à ma mère. Donnez l'ordre de me conduire au pays de Bagdad, près de mon père, à qui vous jugerez digne de votre confiance pour cette mission.

Lorsque le prince entendit ces paroles de la princesse qu'il aimait si tendrement et dont il exauçait les vœux, il ordonna à ses ministres et à ses chefs d'organiser le transport de la princesse et de ses enfants. S'adressant aux ministres , il dit : « Ô vous mes ministres, lequel d'entre vous puis-je charger de conduire en toute sécurité ma femme et mes trois enfants à Bagdad, près de leur ancêtre le roi Haroun-er-Raschid ?

Personne parmi eux n'osait s'approcher et parler. Tous gardèrent le silence. Alors le prince, s'adressant au plus ancien des ministres, dit :

" Ô mon ministre, c'est à toi à qui, suivant les ordres de mon cœur, je peux faire confiance pour accompagner ma femme et mes trois enfants. Car je t'ai toujours trouvé loyal et fidèle à mon égard. D'ailleurs, tu es plus âgé que les autres ministres . . Et vous avez la crainte de Dieu la plus élevée et la plus digne de toute louange ainsi que du respect pour votre Roi.

Le ministre dit : "Ô monseigneur, c'est en toute sincérité que votre serviteur met au-dessus de sa tête les ordres de Votre Majesté. Je ferai tout mon devoir en conduisant la princesse et ses enfants auprès du roi Haroun-er-Raschid."

donc sa femme et ses trois enfants à ce perfide ministre, s'appuyant sur la promesse qu'il avait faite. Quarante chameaux étaient chargés de présents, quarante nourrices pour les enfants, cent dames à la suite de la princesse, mille cavaliers bien armés et bien équipés, formaient l'escorte. La princesse prit congé de son mari. Il la tenait dans ses bras et, en pleurant, la couvrait de baisers, elle et ses trois enfants. Il lui demanda de présenter ses hommages à son père le sultan Haroun-er-Raschid, ses salutations à son frère aîné Minbah-Chahaz, et de déposer aux pieds de Leurs Majestés mille et mille excuses, et de présenter ses excuses à son frère Minbah-Chahaz. Alors le prince dit au méchant ministre :

"Ô mon ministre, il faut que tu partes maintenant et conduises le chameau de ma femme, car j'ai une parfaite confiance en toi. Surtout, garde-la bien."

Mais le roi ne s'appuyait pas sur Dieu le plus haut et le plus digne de toutes les louanges, et c'est pourquoi Dieu l'a puni.

Lorsque le prince eut fini de parler au ministre, celui-ci dit : « Ô mon seigneur, Roi du monde, ton serviteur porte ton commandement sur sa tête. » La cavalcade se mit donc en marche. La princesse Djouher-Manikam montait sur son chameau avec ses trois enfants. Un garde du corps retenait la camionnette. Elle marchait accompagnée du misérable ministre et de toute l'escorte, se dirigeant de jour en jour vers la ville de Bagdad. Ils avaient atteint l'une des haltes alors que le jour commençait à faire place à la nuit. Le ministre dressa alors une tente pour que la princesse puisse s'y reposer. Les gens dressèrent leurs tentes partout. La princesse Djouher-Manikam descendit de son chameau et entra dans la tente, avec ses trois enfants. Les tentes des infirmières et des dames d'honneur entouraient en cercle la tente de la princesse. Au milieu de la nuit, une violente pluie commença à tomber. Alors le misérable ministre, excité par Satan, fut ému dans son cœur. Il pensa : « La femme du roi est la plus belle ; belle, en effet, comme son nom, Djouher-Manikam. Il faut que je l'épouse.

Alors le ministre rebelle partit, entra dans la tente de la princesse et lui demanda de l'épouser. Il la trouva assise à côté de ses trois enfants, occupés à chasser les moustiques. Lorsque la princesse le vit entrer dans sa tente , elle lui demanda : « Ô mon ministre, qu'est-ce qui t'amène dans ma tente à cette heure de la nuit ?

Le ministre répondit : « Je suis venu vous supplier de m'épouser. »

La princesse dit alors : « Est-ce cela qui vous amène ici ? Et c'est à vous que le Roi m'a confiée à cause de votre grand âge, et comme si vous étiez mon père. C'est en vous qu'il a mis toute sa confiance pour que vous nous emmènerait sains et saufs, moi et mes enfants, chez mon vénérable père, le roi Haroun-er-Raschid. Quelle doit être votre nature pour que vous trahiez ainsi sa confiance ?

Le misérable ministre répondit : « Si vous refusez de m'épouser, je tuerai vos enfants. »

"Jamais," dit la princesse, "jamais je ne consentirai à vous épouser. Et si vous tuez mes enfants, que puis-je faire contre le décret de Dieu, sinon invoquer son nom ?"

Le ministre a tué l'un des enfants. Lorsqu'elle fut morte, il fit une seconde fois la même demande à la princesse, et elle répondit : « Jamais je ne consentirai à vous épouser.

Le ministre a déclaré : « Si vous refusez, je tuerai un autre de vos enfants. »

La princesse Djouher-Manikam répondit : « Si vous tuez mon enfant, c'est par le décret de Dieu, et je me soumets à sa volonté.

Le ministre a tué le deuxième enfant.

"Non", répéta la princesse. "Je ne consentirai jamais à vous épouser."

Le misérable ministre dit : « Alors je tuerai votre troisième enfant. »

"Si vous le tuez, que puis-je faire sinon me soumettre à la volonté de Dieu et invoquer son nom ?" Le troisième fils du roi fut tué.

Interrogée de nouveau, la princesse répéta : « Jamais je ne t'épouserai. »

Et le méchant ministre dit : « Si tu ne m'épouses pas, je te tuerai aussi. »

Alors la princesse pensa en son cœur : « Si je ne parais pas céder, il me tuera aussi, sans aucun doute. Il faut que j'emploie une ruse. Puis elle dit : « Attendez-moi ici, jusqu'à ce que je lave de mes vêtements et de mon corps les taches du sang de mes enfants.

Le ministre maudit de Dieu répondit : "Très bien. Je vous attends ici."

Alors la princesse Djouher sortit de sa tente. La pluie tombait à torrents. La princesse, fuyant précipitamment, marcha toute la nuit, ne sachant où elle allait. Elle avait marché plusieurs heures lorsque le jour se leva. La princesse arriva ainsi près d'un arbre au milieu de la plaine, et, après en avoir mesuré la hauteur avec ses yeux, elle y grimpa. A ce moment passait sur la route un commerçant qui avait fait ses ventes et qui revenait vers la ville de Bassrah. Il s'appelait Biyapri. En passant sous l'arbre, il leva les yeux et aperçut une femme assise dans l'arbre.

"Qui es-tu?" il a dit; "Es-tu une femme ou un djinn ?"

"Je ne suis ni démon ni djinn, mais un descendant du prophète de Dieu (que les bénédictions reposent sur lui), un disciple du prophète Mahomet, envoyé de Dieu."

Biyapri grimpa sur l'arbre, la mit sur son chameau et, reprenant son voyage, la conduisit au pays de Bassrah. En arrivant chez lui, il désira l'épouser. Mais elle le dissuada en disant : " Attendez, car j'ai fait un vœu solennel devant Dieu de ne pas regarder le visage d'un homme pendant quarante jours. Quand le délai sera écoulé, cela sera possible. Mais si ces quarante jours ne sont pas encore écoulés. cours, je devrais sûrement mourir. Biyapri l'a donc installée sur son toit grillagé et lui a prodigué attention et soins.

Aussitôt après la fuite de la princesse Djouher-Mani-kam le ministre ordonna à toute l'escorte de revenir se présenter au roi Chah Djouhou. Il dit à son peuple : "Ô tous vos serviteurs de la Reine, voyez quelle a été sa conduite. Ses trois enfants sont morts, et c'est elle qui les a tués. Après cela, elle a disparu. Où s'est-elle réfugiée ? Personne dans le Tout le monde le sait. Quant à vous, partez, portez les corps de ses trois enfants au roi Chah Djouhou et racontez-lui toutes les circonstances.

Arrivés en présence du roi, ils rapportèrent toutes les circonstances de la trahison du ministre envers la princesse et du meurtre de ses trois enfants. On ajouta que le ministre était parti, laissant dire qu'il était allé chercher la princesse et qu'il avait emmené avec lui ses trois fils, quarante soldats et le trésor.

Lorsque le prince eut entendu ces paroles, il fut frappé de stupeur. Mais sa tristesse d'avoir laissé partir la princesse sans lui était inutile. Il fit enterrer les trois jeunes princes. Le roi versait des larmes, et tous les gens de la maison remplissaient l'air de cris et de sanglots, de sorte que le bruit ressemblait à des éclats de tonnerre, tandis que les cérémonies funéraires se déroulaient selon les coutumes des plus grands rois. Après cela, le roi descendit de son trône royal et devint un derviche, pour mieux chercher dans tous les pays son épouse bien-aimée. Il n'avait avec lui que trois esclaves. L'un d'eux s'appelait Hestri.

« Va, lui dit-il, va chercher ta maîtresse dans tous les pays. Et il lui donna un cheval et quelques provisions.

Hestri dit : « Que Votre Majesté soit heureuse ! O seigneur, Roi du monde, quels que soient vos ordres, votre serviteur les place sur sa tête. Hestri s'inclina profondément, puis monta à cheval et partit vers la ville de Bassrah.

Après avoir parcouru quelque temps , il atteignit Bassrah et passa devant la maison de Biyapri. A ce moment précis la princesse Djouher-Manikam était assise sur le toit de la maison de Biyapri. Elle regarda attentivement le visage d'Hestri alors qu'il passait devant la maison et l'appela en lui disant : « Hestri, qu'est-ce qui t'amène ici ?

Hestri, jetant son regard vers le toit, aperçut la princesse Djouher-Manikam et lui dit : « J'ai été envoyé par ton mari pour te chercher, princesse.

Elle a répondu : "Va-t'en, pour le moment. Revenez quand il fait nuit. Comme il fait grand jour maintenant, je crains que Biyapri ne découvre notre départ."

Hestri, s'inclinant profondément, répondit : "Très bien, princesse." Il marchait ici et là, attendant que la nuit vienne. À la tombée de la nuit , il est retourné chez Biyapri et a attendu quelques minutes. Puis il appela la princesse.

"Attendez", dit-elle, "car Biyapri regarde toujours". Hestri se baissa et s'endormit près de la maison de Biyapri, après avoir d'abord attaché la bride du cheval à sa ceinture.

La princesse Djouher-Manikam descendit du toit et monta à cheval pendant qu'Hestri dormait encore. Elle était assise sur le cheval et attendait que Hestri se réveille. Mais un voleur éthiopien, venu cambrioler le magasin de Biyapri, aperçut le cheval dont la bride était attachée à la ceinture d'Hestri. Il détacha la bride et conduisit le cheval au milieu de la plaine. Dans l'esprit de la princesse , c'était Hestri qui menait ainsi le cheval. Mais la lune s'étant levée, l'Éthiopien vit assise sur le cheval une femme d'une beauté frappante et merveilleuse. Le cœur de l'Éthiopien était rempli de joie. Il dit dans son cœur :

"Depuis très longtemps, je vole des richesses. En vérité, j'ai acquis une grande quantité de bijoux, de perles, de pierres précieuses, d'or et d'argent, et de magnifiques vêtements de toutes sortes. Mais tout cela n'est rien en comparaison de la merveille que je Je viens de trouver et qui deviendra ma femme, la lumière de mes yeux et le fruit de mon cœur. Maintenant je jouirai en paix du bonheur d'avoir une telle femme.

La maison du voleur éthiopien était située au sommet d'une colline. Il y conduisit la princesse, lui montra tout ce qu'elle contenait et le lui donna en disant : " Ô ma future épouse, c'est à toi qu'appartient tout ce que contient cette maison. Utilise-en selon ton bon plaisir. " La princesse dit : « Tout d'abord, sois tranquille. » Et elle pensait dans son cœur : "C'est mon destin. D'abord j'étais avec Biyapri, et maintenant je suis tombée entre les mains d'un voleur éthiopien. C'est par la volonté de Dieu que cela est arrivé à son serviteur." Le voleur éthiopien voulait que le mariage soit célébré immédiatement, mais la princesse dit : « Je ne peux pas me marier maintenant, car j'ai fait le vœu au Dieu le plus haut de ne pas voir le visage d'un homme pendant trois jours. »

Le voleur éthiopien voulut boire et dit : « Venez, buvons ensemble. »

"A mon avis," observa la princesse, "si nous commençons à boire les deux ensemble, tu deviendras alourdi de vin, et moi aussi. Alors ils m'emmèneront loin de toi et te tueront. Viens, je remplirai ta coupe et tu boiras le premier. Quand tu auras suffisamment bu, je boirai à mon tour, et tu rempliras ma coupe.

Le voleur éthiopien fut très joyeux de ces paroles de la princesse. "Ce que vous dites est vrai", dit-il. Il reçut avec grand plaisir la coupe des mains de la princesse et but. Après avoir vidé la coupe plusieurs fois, il tomba dans la stupeur de l'ivresse, perdant la raison et devenant comme un homme mort. La princesse Djouher-Manikam enfila un magnifique costume d'homme, et ajoutant une arme quelque chose comme un *kandjar* , sortit de la maison. Puis, montant à cheval, elle s'avança rapidement et arriva au pied de la colline. Elle se dirigea vers le pays de Roum, et continuant sa route de forêt en forêt et de plaine en plaine, elle atteignit la porte des fortifications de la ville de Roum au moment où le roi de ce pays venait de mourir.

Lorsque la princesse Djouher-Manikam fut arrivée hors des fortifications de Roum, elle s'assit dans le baley, près du fort. Elle était d'une beauté merveilleuse et ses vêtements, tous étincelants d'or, étaient ornés de pierres précieuses, de perles et de rubis. Un homme qui passait par là l'aperçut et fut saisi d'étonnement et d'admiration. Car au pays de Roum, personne ne pouvait se comparer à ce jeune homme si beau et si magnifiquement vêtu. Il a demandé :

"D'où viens-tu et pourquoi es-tu venu ici ?"

La princesse répondit : "Je ne sais pas où je me trouve en ce moment. Je viens de la ville de Damas."

Ce citoyen de Roum prit congé et s'en alla se présenter au vezir et raconter ce qu'il avait vu. Le vezir, l'ayant entendu, sortit aussitôt pour retrouver le jeune homme. Dès qu'il se fut approché de lui et eut vu sa remarquable beauté et ses splendides vêtements ornés de pierres précieuses, de perles et de rubis, le vezir s'assit à côté de lui et dit :

"Jeune homme, d'où viens-tu et pourquoi es-tu venu dans ce pays ?"

La princesse répondit : "Je souhaite voyager à travers le monde pour mon plaisir. Telle est ma volonté."

Le vezir répondit : « Voudriez-vous que nous vous fassions roi de ce pays ? La princesse répondit : « Pour quelle raison devrais-je souhaiter être roi dans ce pays ? Et par quels moyens y parvenir ?

Le vezir répondit : « Notre roi est mort. »

"Il n'y a pas d'enfant ?" demanda la princesse.

« Le roi a laissé un enfant, répondit le vizir, mais il est encore très petit et incapable de gouverner ses sujets. C'est pourquoi nous ferons de vous le roi de ce pays.

La princesse Djouher-Manikam répondit : "Pourquoi pas ? Qu'est-ce qui empêche ? Si vous suivez tous mes conseils j'accepterai le trône de ce pays."

Les ministres dirent : « Et pourquoi ne devrions-nous pas suivre les commandements de mon seigneur ?

Le vezir la conduisit au palais. Tous les ministres d'État et les hauts officiers se réunirent pour proclamer comme leur roi la princesse Djouher-Manikam. Ceci fait, la princesse prit le nom de Radja ChahDjouhou.

Après avoir régné quelque temps, son esprit de justice et sa parfaite équité dans le gouvernement de ses sujets rendirent son nom célèbre dans tous les pays étrangers. Radja Chah Djouhou a dit à son ministre :

"Ô ministre, faites-moi construire un *baley* à l'extérieur du fort." Et les ministres et les officiers leur ordonnèrent en toute hâte de construire le *baley* . Dès qu'il fut construit, ils vinrent l'annoncer au Roi. Ce dernier a déclaré :

"Ô mon vezir, y a-t-il dans mon royaume un homme qui sache peindre ?"

"Oui, monseigneur, roi du monde, il y a ici un peintre très habile."

"Laisse-le venir à moi."

"Immédiatement, monseigneur", dit le vezir, et il ordonna à un esclave d'aller appeler le peintre. Le peintre arriva en toute hâte et entra chez Radja Chah Djouhou en baissant la tête vers le sol. Le prince lui dit :

"Ô peintre, as-tu une fille qui sait peindre ?"

Le peintre répondit : "Oui, monseigneur, roi du monde, j'ai une fille très habile dans l'art de la peinture."

"Dites à votre enfant de venir ici."

Le peintre s'inclina de nouveau et partit retrouver sa fille. « Ô mon enfant, dit-il, fruit de mon cœur, viens, le Roi t'appelle. »

Puis la fille du peintre part rapidement, accompagnée de son père. Ils entrèrent ensemble devant le roi, toujours entouré de ses ministres et de ses officiers. Le peintre et sa fille baissaient la tête vers le sol. Le prince dit :

"Peintre, est-ce votre fille ?"

"Ô mon seigneur, roi du monde, oui, voici ma fille."

"Viens avec moi à l'intérieur du palais." Et en même temps le prince partit et entra dans ses appartements, suivi de la fille du peintre. Il nous conduisit vers un lieu retiré et dit : « Ma fille, fais mon portrait, je t'en prie, et tâche d'avoir une bonne ressemblance. Alors la princesse Djouher-Manikam s'habilla d'habits de femme, et dans ce costume elle était d'une ravissante beauté. Cela fait, elle ordonna à l'artiste de la peindre ainsi. Elle y réussit parfaitement et le portrait était d'une ressemblance remarquable, car la fille du peintre était très adroite. Une fois son travail terminé, elle reçut une grosse somme d'or. Le prince lui dit :

"Viens, ma sœur, que cela reste un secret. Ne le révèle à personne au monde. Si tu le dis, je te tuerai, avec ton père et ta mère."

La fille du peintre dit : « Ô mon seigneur, roi du monde, comment votre serviteur a-t-il pu désobéir aux ordres de Votre Majesté ?

Elle s'inclina profondément et demanda la permission de rentrer chez elle.

Radja Chah Djouhou, en présence de ses ministres et de ses sujets, dit au vizir : « Ô vizir, place ce portrait dans le *baley* à l'extérieur du fort, et fais-le garder par quarante hommes. Si quelqu'un venant à ce portrait se met à pleurer ou embrasse-le, saisis-le et amène-le devant moi. Le portrait était accroché dans le *baley* et le vezir ordonna à un officier de le garder avec quarante soldats.

Lorsque le voleur éthiopien sortit de son sommeil ivre, il vit que la princesse Djouher-Manikam n'était plus chez lui. Il sortit donc en pleurant et reprit son voyage, allant de pays en pays jusqu'à ce qu'il atteigne la ville de Roum. Là, il vit un *baley* , et y accrochait un portrait qui ressemblait parfaitement à la princesse Djouher-Manikam. Rapidement, il monta au *baley* et, tenant le portrait dans ses bras, il pleura et le couvrit de baisers.

" Ô malheureux que je suis ! Voici le portrait de ma bien-aimée que je cherchais. Où peut-elle être ? "

Les gardes du *Baley* , voyant l'acte de l'Éthiopien, s'emparèrent de lui et le portèrent devant le roi. Ils ont raconté l'acte.

Le prince dit : « Voleur éthiopien, pourquoi as-tu agi ainsi en référence à ce tableau ?

L'Éthiopien répondit : « Ô mon seigneur, roi du monde, je te demande mille et mille pardons. Ton serviteur dira la vérité. S'ils me tuent, je mourrai ; s'ils me pendent, je serai élevé très haut ; s'ils me vendent, je serai emporté très loin. Ô roi du monde, écoute les paroles de ton humble esclave. Une certaine nuit, j'étais parti pour voler. J'ai trouvé un cheval, et sur son dos il y avait une femme de la plus merveilleuse beauté. Je l'ai emmenée chez moi. Je me suis endormi dans mes tasses. Ma bien-aimée a disparu. Je suis devenu fou, et c'est ainsi, ô roi du monde, que ton esclave est venu au fort et a vu le portrait pendu au *balei* . Ce portrait est l'image fidèle de ma bien-aimée. C'est pourquoi je pleure.

Le prince dit : "Ô mon vezir, que cet homme soit soigneusement gardé. Traitez-le bien et donnez-lui à manger." En revanche, Biyapri, après quarante jours à monter sur le toit, a constaté que la princesse Djouher n'était plus là. Il devint fou, abandonna sa maison et toutes ses richesses, et, devenu derviche, alla de pays en pays chercher la princesse Djouher-Manikam, sans jamais la trouver. En arrivant au pays de Roum, il aperçut le *baley* situé à l'extérieur du fort et s'y arrêta. Alors il aperçut le portrait, et, l'observant avec la plus grande attention, il se mit à pleurer. Puis il le prit dans ses bras et le couvrit de baisers.

"Hélas, ma bien-aimée !" s'écria-t-il, voici bien ta photo, mais où puis-je te trouver ? Il fut aussitôt arrêté par la garde et conduit devant le roi de Roum.

« Biyapri, dit le prince, d'où viens-tu et pourquoi as-tu agi ainsi ? Biyapri répondit : « Ô mon seigneur, roi du monde, ton esclave demande pardon mille et mille fois. Je dirai toute la vérité. S'ils me tuent, je mourrai ; s'ils me pendent, je serai très élevé. haut ; s'ils me vendent, je serai emmené très loin. Quand j'étais engagé dans le commerce, je suis passé sous un arbre, et j'ai vu que dans cet arbre il y avait une femme de la plus merveilleuse beauté. Je l'ai prise et je l'ai portée à la ville de Bassrah et je l'installai sur le toit de mon entrepôt. Une certaine nuit, elle disparut sans que je sache où elle était allée. Puis, ô roi du monde, je devins comme un fou et quittai ma terre natale. Arrivée au pays de Roum, j'ai vu un *baley* à l'extérieur du fort et je suis venu m'y asseoir. Puis, monseigneur, j'ai vu le portrait accroché au *baley* . Il ressemble exactement à ma bien-aimée, que j'ai perdue. Je l'ai serré dans mes bras et je l'ai recouvert de baisers. Telle est la vérité, ô roi du monde.

Le prince dit alors à son ministre : « Ô ministre, que cet homme soit soigneusement gardé et donne-lui de la nourriture et des vêtements. »

Le roi de Damas, après avoir abdiqué le trône, avait quitté son royaume et, en costume de derviche, avait commencé à voyager à travers les différents pays. Arrivé à Roum, le roi Chah Djouhou aperçut un *baley* situé à l'extérieur du fort, et alla s'asseoir près de celui-ci. Le prince regardant attentivement le portrait, qui ressemblait exactement à la princesse Djouher-Manikam, fondit en larmes et s'écria :

"Hélas ! Fruit de mon cœur, ma bien-aimée, lumière de mes yeux ! C'est bien ton tableau. Mais toi que je cherche, oh, où es-tu ?"

En parlant ainsi, le prince prit le portrait dans ses bras et le couvrit de baisers. Voyant cela, les gardes du *baley* s'emparèrent de lui et le portèrent devant le roi.

Le roi lui dit : « Monseigneur, d'où venez-vous ? Comment avez-vous erré dans ce pays ? Et pourquoi vous êtes-vous comporté ainsi à l'égard de mon portrait ?

Le Roi Chah Djouhou répondit : « Sachez que ma femme, qui se nomme la princesse Djouher-Manikam, a disparu loin de moi. C'est pour cette raison que j'ai quitté mon royaume, et que moi, habillé en derviche, j'ai marché de pays en pays, de plaine en plaine, de village en village, cherchant celle que je n'ai jamais pu trouver. Mais arrivant dans le pays de Votre Majesté, j'ai vu accroché au baley ce portrait qui a une ressemblance frappante avec ma *femme* . ... C'est pour cette raison que j'ai pleuré en contemplant ce tableau."

La princesse sourit, et en même temps son cœur s'attendrit en voyant la conduite de son mari. Elle dit à son Premier ministre : "Ô mon ministre, je confie cette personne à vos soins. Traitez-la dignement, donnez-lui la meilleure nourriture et une suite de serviteurs. Il est le roi de Damas."

Le ministre, par ordre de la princesse, partit donc et conduisit le roi de Damas dans une belle maison meublée et équipée selon les besoins des rois.

Le ministre prit toutes les richesses destinées à servir de cadeaux au roi Haroun-er-Raschid. Les lingots d'or et d'argent, les riches vêtements en belles étoffes du pays de Rouzoungga, ainsi que les vêtements de la princesse Djouher-Manikam et de ses trois enfants, étaient transportés et vendus dans la ville de Bagdad . Mais le roi Haroun-er-Raschid, voyant que son nom et celui de sa fille, la princesse Djouher-Manikam, étaient gravés sur ces lingots d'or et d'argent, s'empara de toutes ces richesses.

Le ministre du pays de Damas a déclaré : « Ces richesses sont à moi ».

De son côté le roi Haroun-er-Raschid disait : « Ces richesses sont à moi, car mon nom et celui de mon enfant sont gravés sur ces lingots d'or et d'argent. »

Le ministre a déclaré : « Puisque Votre Majesté déclare que ces trésors vous appartiennent, nous devons juger cette affaire devant un tribunal. »

Le roi de Bagdad répondit : "C'est bien. Nous irons où vous voudrez."

« Très bien, dit le ministre ; " Allons donc devant le roi du pays de Roum. Ce prince a la réputation d'être extrêmement juste. Chacun de nous plaidera sa cause. "

Le prince répondit : "C'est bien." Le ministre répondit : « Ô roi du monde, commençons sans tarder. »

Le roi Haroun-er-Raschid partit donc avec son fils Min-bah-Chahaz, son chef guerrier, et ses soldats. Le cadi accompagnait le prince. De son côté, le ministre du pays de Damas a débuté, accompagné de ses trois fils et d'une quarantaine de militaires du pays de Damas. Après avoir marché quelque temps, ils arrivèrent à la ville de Roum et entrèrent dans les fortifications. Chacun d'eux se présenta devant le Roi et plaida sa cause.

Le roi Haroun-er-Raschid s'exprima ainsi : « Ô roi du monde ! Je me présente devant Votre Majesté pour demander votre jugement impartial. Le ministre du pays de Damas apporta à Bagdad, entre autres objets précieux, des lingots d'or. et des lingots d'argent sur lesquels sont gravés mon nom et celui de ma fille, la princesse Djouher-Manikam. Je les ai saisis, et je viens auprès de Votre Majesté pour en décider mes droits.

Le roi de Roum dit : « S'il plaît à Dieu le plus haut , cette affaire sera jugée avec le meilleur de mes pouvoirs. » Le roi de Roum poursuivit : « Mes officiers et vous, mes ministres et chefs, recherchez toute l'inspiration divine pour trancher la différence existant entre le roi de Bagdad et le ministre de Damas.

Les officiers s'inclinèrent et dirent : « Ô mon seigneur, roi du monde, quels qu'ils soient, nous mettrons les commandements de Votre Majesté au-dessus de nos têtes et les exécuterons à la lettre. » Et ils délibérèrent sur la nature du différend.

Le roi de Bagdad déclara : « Ces objets me sont précieux, car ils portent gravés nos noms et ceux de mon enfant. »

D'autre part et au même moment, le ministre Damas déclarait : « Ces objets précieux sont à moi ».

Les ministres et les chefs furent très embarrassés et dirent au roi : « Ô roi du monde, nous, nous tous, sommes incapables de juger cette dispute. Elle est trop difficile pour nous. Seul le jugement impartial de Votre Majesté peut décide-le."

Le prince dit : "C'est bien. Je prononcerai la sentence, s'il plaît à Dieu le plus haut , pourvu que vous consentiez à l'accepter."

Le roi de Bagdad répondit : « Ô roi du monde, juge entre nous selon ta justice impartiale. »

Le roi de Roum dit alors : « Ô ministre de Damas, et vous, roi de Bagdad, souhaitez-vous tous deux que je juge selon le jugement de Dieu le plus haut ?

Et ils répondirent tous deux : « C'est ce que nous demandons, le jugement de Dieu. »

Le prince répondit : « Si vous êtes d'accord des deux côtés, c'est bien.

"J'y consens", a déclaré le ministre de Damas.

"Et moi aussi", dit le roi de Bagdad.

Le roi de Roum parla alors en ces termes : « Conformément à la loi du Dieu très-haut , je pose cette question au roi de Bagdad : As-tu une fille ?

Le roi de Bagdad répondit : « Oui, roi du monde, j'ai une fille et un fils. »

" Et avez-vous actuellement ces deux enfants ? "

Le roi de Bagdad répondit : « J'ai mon fils, mais ma fille, je l'ai perdue.

Le roi de Roum, continuant, dit : « Quelle est la cause de la perte de votre fille ? Le roi de Bagdad répondit : « Ô roi du monde, écoute mon histoire. Alors que j'étais parti en pèlerinage avec ma femme et mon fils, dont le nom est Minbah-Chahaz, j'ai laissé ma fille veiller sur mon palais. Arrivé à A la fin de mon pèlerinage, j'envoyai chez moi une lettre au cadi, conçue ainsi : " Que la paix soit avec le cadi : j'attendrai encore environ un an le grand pèlerinage. Quant à tout ce qui concerne mon royaume, mon palais , et ma fille, la princesse Djouher-Manikam, veillez avec le plus grand soin, et méfiez-vous de toute négligence dans la protection de mon royaume et de mon enfant. Quelque temps après, le cadi m'envoya à La Mecque une lettre rédigée en ces termes : " Ô roi du monde, ton serviteur a reçu l'ordre de veiller sur le palais et sur la princesse. Mais la princesse désire maintenant m'épouser. " Après avoir lu la lettre du cadi , j'appelai mon fils Minbah-Chahaz et lui dis : « Pars tout de suite pour Bagdad et tue ta sœur. Mon fils Minbah- Chahaz partit immédiatement pour Bagdad et tua sa sœur. Puis il revint et me trouva à La Mecque. Son coutelas était encore taché de sang. Alors je m'écriai : " Loué soit Dieu, Seigneur de l'univers, notre honte est effacé. Telle est mon histoire, ô roi du monde. »

Le roi de Roum dit : "C'est bien. Maintenant, je vais prononcer le jugement." Et s'adressant au ministre de Damas il lui dit : « Ô ministre de Damas, dis-moi la vérité si tu veux qu'au jour du jugement le prophète intercède pour toi (que la paix et les bénédictions de Dieu soient sur lui !). Parlez et dites la vérité. Dites d'où viennent ces richesses, afin que je puisse prononcer mon jugement entre vous.

Le ministre du Roi de Damas dit : « Ô mon seigneur, roi du monde, je déposerai au pied du trône de Votre Majesté l'histoire achevée depuis le début. J'ai reçu une mission du Roi Chah Djouhou : 'Ô mon ministre ", dit-il, " commencez, je vous envoie dans la ville de Bagdad, emmenant mes trois enfants chez leur grand-père, et ma femme, la princesse Djouher-Manikam, chez sa mère et son père, le roi Haroun-er-Raschid. ' Je partis donc avec l'escorte qui accompagnait la princesse Djouher-Manikam, et nous arrivâmes à notre première halte. Quand ce fut la nuit, je dressai une tente, et les gens de l'escorte dressèrent tous leurs tentes autour de celle du princesse. Mais Satan a insufflé dans mon cœur une tentation. Cette pensée m'est venue : " La femme du roi est merveilleusement belle et elle porte un si joli nom ! J'irai lui demander de m'épouser. " Alors je suis entré dans sa tente. À ce moment-là, elle était assise près de ses enfants endormis, occupés à éloigner les moustiques. La princesse a demandé : « Ô mon ministre, pourquoi viens-tu ici ? Et j'ai répondu : "Je suis venu te demander en mariage." La princesse dit : " N'as-tu aucune crainte de Dieu le plus haut ? Non, je ne peux pas t'épouser. Que deviendrais-je si je faisais une telle chose ? " Alors j'ai dit : 'Si vous n'acceptez pas de m'épouser, je tuerai l'un de vos enfants.' La princesse répondit : « Si vous tuez mon enfant , ce sera par le jugement de Dieu, et que puis-je faire sinon invoquer son nom ? Ensuite, j'ai tué l'un des enfants. Quand il était mort , j'ai demandé à nouveau si elle voulait m'épouser, et j'ai tué un autre des enfants. Quand celui-ci était mort , j'ai posé la même question. La princesse a répondu : "Je ne peux pas me marier quand je je suis déjà marié. Je lui ai dit : « Si tu ne le fais pas, je tuerai le tiers de tes enfants. » La princesse Djouher-Manikam répondit : « Si vous tuez mon troisième enfant, ce sera par le jugement de Dieu, et que puis-je faire sinon invoquer son nom, car je ne suis qu'une femme ? J'ai donc tué le troisième enfant. Après la mort de ce dernier enfant du Roi, j'ai posé de nouveau ma question à la princesse. Elle ne consentirait pas à m'épouser. Je lui ai dit : "Si tu ne le fais pas, je tuerai". toi.' Elle répondit : " Si vous me tuez, c'est le décret de Dieu. Mais attendez un peu, car je souhaite laver mes vêtements et nettoyer de mon corps les traces du sang de mes enfants. " J'ai dit : "C'est bien. Nous aurons le festin de noces demain." Elle quitta la tente. Il pleuvait à torrents. Je ne pus savoir où elle allait. Telle est mon histoire, ô roi du monde.

Le roi dit : « Ministre du pays de Damas, avez-vous des fils ?

Il répondit : « Oui, mon seigneur, roi du monde, j'ai trois fils. »

Le prince dit : « Laissez venir ici vos trois fils, afin que je rende promptement jugement, selon la loi instituée par le prophète (que la paix et la bénédiction de Dieu soient sur lui !). Voyez ce que prescrit sa loi : Le Le ministre a tué les enfants de la princesse Djouher-Manikam. Ce n'est donc pas le ministre qui doit être puni de mort, mais ses enfants doivent être tués. L'exécution de ce jugement sera la juste application de la loi du talion entre les ministre et la princesse.

Le ministre a convoqué ses trois fils. Dès qu'ils furent arrivés, il les montra au roi de Roum.

Celui-ci dit à son ministre : « Ô ministre, où est l'Éthiopien qu'ils ont amené ici ? Le voleur éthiopien fut amené et se prosterna devant le roi de Roum.

Le roi de Roum lui dit : " Éthiopien, retourne dans ton pays et change de manière de vivre. Tu ne reverras plus jamais la femme que tu cherches. " Et le prince lui donna un *keti* d'or.

Alors le prince dit : "Ô mon ministre, où est Biyapri ? Qu'ils l'amènent ici." Alors ils ont amené Biyapri. Quand il arriva, il s'inclina profondément devant le prince.

Le prince dit : "Biyapri, retourne dans ton pays et change de conduite. La femme que tu cherches, tu ne la reverras plus jamais." Et le prince lui fit cadeau de deux *keti* d'or.

Le roi de Roum dit alors : « Que tous se rassemblent. Je vais prononcer un jugement entre le roi de Bagdad et le ministre de Damas. Le ministre et les officiers se rassemblèrent donc en présence du roi, ainsi que plusieurs de ses sujets.

Le roi de Roum dit : « Ô mon bourreau, que les trois enfants du ministre de Damas soient tous tués ; tel est l'ordre divin. » Les enfants du ministre de Damas furent donc tous trois tués.

Après leur mort le prince dit : " Ministre, retournez au pays de Damas, avec un chiffon pour ceinture, et durant vos derniers jours changez de conduite. Si vous ne le savez pas, je suis la princesse Djouher-Manikam, fille du sultan de Bagdad, épouse de Chah Djouhou, mon seigneur, et sœur de Minbah-Chahaz. Dieu vous a frappé d'aveuglement à cause de vos crimes envers moi. Il en est de même du cadi de la ville de Bagdad. "

Le ministre de Damas, saisi de peur, tremblait de tous ses membres. Il se jeta aux pieds de la princesse Manikam, et ainsi prosterné il implora mille et mille fois pardon. Puis il revint à Damas tout en larmes et accablé de chagrin par la mort de ses trois fils. Le cadi, couvert de honte à cause de sa trahison envers le sultan de Bagdad, s'enfuit et s'expatria.

Le roi de Roum leur ordonna d'amener le roi Chah Djouhou et de lui donner un vêtement tout étincelant d'or, et il l'envoya résider en compagnie de son beau-père, le sultan de Bagdad, et de son frère. loi, le prince Minbah-Chahaz.

Puis la princesse Djouher-Manikam se retira. Elle entra dans le palais et revint vêtue de vêtements de femme. Elle sortit alors, accompagnée des dames de la cour, et alla se présenter à son père, le sultan de Bagdad. Elle s'inclina devant son père, son frère le prince Minbah-Chahaz, et son époux, le roi Chah Djouhou. La princesse dit : « Ô vous tous, seigneurs et guerriers du pays de Roum, sachez que je suis une femme et non un homme. Voici mon père, le sultan Haroun-er-Raschid, roi de Bagdad. Voici mon frère. , dont le nom est Minbah-Chahaz; et voici mon époux, le roi Chah Djouhou, qui règne sur le pays de Damas. Depuis le temps où tu m'as placé sur le trône de Roum, si j'ai commis quelque faute par erreur ou par ignorance , vous devez m'excuser, car constamment les serviteurs de Dieu commettent des fautes par erreur ou par ignorance. Il n'y a que Dieu seul qui n'oublie ni ne néglige, et est libre d'erreur ou d'ignorance.

Les grands du pays de Roum dirent : « Jamais Votre Majesté n'a commis la moindre faute, ni par ignorance, ni par erreur, pendant le temps qu'elle a régné sur le pays de Roum. Néanmoins, parmi les jugements qui viennent d'être rendus, il y avait une faute. commis par Votre glorieuse Majesté. Le ministre tué, la princesse tuée, tous deux l'ont fait volontairement. C'était une faute de jugement de la part de la princesse Djouher-Manikam d'avoir tué les enfants du ministre, tout comme le ministre a commis une faute en tuant le enfants de la princesse. Il y avait là une ressemblance. Pourtant, s'il plaît à Sa Majesté de rester sur le trône de Roum, nous en serions tous très heureux.

La princesse Djouher dit : "Je vous prends congé, mes seigneurs. Il est bon que nous fassions roi le jeune prince et qu'il me remplace sur le trône."

Les ministres et les officiers de Roum répondirent : « Quels que soient les commandements de Votre Majesté, nous les plaçons au-dessus de nos têtes. »

Alors la princesse fit du prince royal son successeur, et les ministres, les officiers et les sujets s'inclinèrent tous, mirent les mains au-dessus de leur tête et le proclamèrent roi.

La princesse Djouher-Manikam dit : " Ô mon enfant, voici les dernières instructions que te donne ta mère : Tu dois pratiquer la justice pour que Dieu fortifie ton royaume. A vous, mes ministres et officiers, je confie mon enfant. S'il commet quelques fautes par négligence ou par ignorance, je vous prie de ne pas trop les prendre à cœur, car mon enfant est jeune et il n'a pas encore atteint toute la maturité de son jugement.

Les ministres et les officiers répondirent : « Ô Votre Majesté, que votre prospérité grandisse pour toujours ! Comment pourrait-il nous être possible de désobéir à vos ordres ?

La princesse répondit : « Ô mon enfant, tu dois avant tout observer la justice et être patiente et libérale envers tes ministres et officiers et tous tes sujets, afin que les faveurs de Dieu augmentent sur ta personne et que ton royaume soit protégé par Dieu. le plus haut par la grâce de l'intercession du prophète Mahomet, envoyé de Dieu (que la paix et la bénédiction de Dieu soient avec lui !) Ô mon enfant, tu dois gouverner tous tes sujets avec un esprit de justice, car dans ce monde, jusqu'à la mort, nous devons chercher la vérité. Ô mon enfant, n'oublie surtout pas mes dernières instructions. Puis, prenant dans ses bras l'enfant royal, elle l'embrassa.

Le sultan Haroun-er-Raschid ayant dit au sultan de Roum qu'il souhaitait retourner au pays de Bagdad, le sultan donna l'ordre à ses ministres de rassembler les grands, les officiers et les soldats, avec des éléphants, des chevaux et des instruments. de musique. Tous venaient avec des cadeaux, car le sultan de Roum voulait accompagner le sultan Harouner-Raschid jusqu'à Bagdad et lui porter les cadeaux. Le moment favorable étant arrivé, le sultan Haroun-er-Raschid quitta Roum, se dirigeant vers le pays de Bagdad, de plaine en plaine et de halte en halte. Après avoir voyagé quelque temps, et se réjouissant tout le long du chemin, ils arrivèrent au pays de Bagdad.

Les ministres, les chefs et les soldats sortirent à la rencontre du sultan Haroun-er-Raschid et entrèrent dans le palais. Alors la Reine s'empressa de retrouver le Sultan et sa fille, la princesse Djouher-Manikam. Rencontrant sa fille, elle la serra dans ses bras et la couvrit de baisers. Elle dit en larmes : "Hélas, mon enfant ! le fruit de mon cœur ! Moi, ta mère, je pensais qu'elle ne te reverrait plus." Et elle couvrait son corps de larmes et de baisers, tout en répétant : « Hélas, mon enfant ! Je te croyais perdu pour toujours. Puis la reine s'inclina devant le sultan Haroun-er-Raschid. Son fils, Minbah-Chahaz, vint alors s'incliner devant sa mère, mais celle-ci le serra dans ses bras et l'embrassa. Puis son gendre, le roi Chah Djouhou, s'avança et s'inclina à son tour devant la Reine. Et elle le serra dans ses bras et l'embrassa. Tous étaient en larmes.

Le sultan Haroun-er-Raschid se dirigea vers la salle d'audience, et donna l'ordre à l'un de ses hérauts de rassembler ses ministres, ses guerriers et ses sujets. Lorsqu'ils furent tous réunis, le sultan dit : « Maintenant, je souhaite divertir les ministres, les chefs et les officiers qui nous ont escortés ici. Lorsque le sultan eut fini de les divertir , ils voulurent prendre congé et retourner au pays de Roum. Le sultan Haroun-er-Raschid leur fit don de vêtements d'honneur, à chacun selon son rang. Ils se prosternèrent à ses pieds, puis revinrent en paix au pays de Roum.

Par la suite, le sultan Haroun-er-Raschid ordonna à l'un de ses hérauts de rassembler ses ministres, ses officiers et ses sujets. Une fois réunis, le prince dit : « Ô vous tous, mes ministres et mes officiers, vous devez me construire une maison de bains de sept étages, sur la place publique de Bagdad.

Tous répondirent : « Ô mon seigneur, roi du monde, quels que soient vos ordres, vos serviteurs les placent au-dessus de leurs têtes. » Et tous, ministres, officiers et sujets, se livrèrent à l'ouvrage, chacun faisant ce que dirigeait l'architecte. Après quelque temps, le palais des bains fut terminé. Elle était somptueusement ornée de rideaux de soie, de dais, de tapisseries tissées d'or et bordées de perles. Des tapis brodés d'or étaient tendus sur les différents étages, et il y avait quantité de torches et de lanternes.

Alors les bâtisseurs se présentèrent devant le roi et dirent : « Ô mon seigneur, roi du monde, tes esclaves ont achevé leur ouvrage selon les ordres de Votre Majesté. »

Le roi Haroun-er-Raschid rendit grâce à Dieu le plus haut, digne de toute louange, le vrai Seigneur qui accorde à ses serviteurs tous leurs besoins.

Puis les fêtes commencèrent. Pendant quarante jours et quarante nuits, les groupes n'ont jamais cessé de jouer. Il y avait des sports, des banquets, des divertissements de toutes sortes. Ils s'adonnaient bruyamment au plaisir, car le sultan allait procéder à la cérémonie du bain des deux époux, ses enfants. Les veilles terminées et le moment favorable venu, le Sultan était paré d'un magnifique vêtement brodé d'or, tandis que la princesse Djouher-Manikam était parée par sa mère de superbes voiles et vêtements garnis de joyaux, de perles et de pierres précieuses d'une richesse incomparable. Les époux ainsi parés, le Sultan leur fit monter un palanquin. Son fils, Minbah-Cha-haz, était vêtu d'un magnifique costume.

Le sultan montait son cheval Sembaran et sa selle était en or sculpté. Entouré de jeunes princes et seigneurs, d'officiers de sa cour et d'étendards, Haroun-er-Raschid marchait en tête. Il s'avança, suivi des princes, des ministres et des officiers. Les épouses des grands accompagnaient la reine avec ses demoiselles d'honneur, et tous les instruments de musique faisaient entendre leurs sons harmonieux. Sept fois ils firent le tour de la ville. Lorsque les deux époux furent arrivés au pied du Palais des Bains, le Sultan les fit monter. Viennent ensuite les époux des grands avec la reine, qui les inondent de poudre de riz mélangée à de l'ambre et du musc, et versent sur leur tête du nard et du *curcuma* (curcuma). Ils furent tous deux plongés dans un bain d'eau de rose et d'extraits de fleurs aromatiques de toutes sortes, accompagnés de l'eau de la fontaine sacrée de Zemzem.

Les cérémonies des bains terminées, les deux époux sortirent du Palais des Bains et entrèrent dans le palais du Roi. A leur arrivée, ils servaient un repas aux princes, aux *orilemas* , aux docteurs de la loi, aux prêtres, aux ministres, aux officiers, au peuple, hommes et femmes. Tous sans exception ont pris part à la fête. Lorsqu'elle fut terminée, un des docteurs de la loi récita la prière demandant à Dieu le bonheur parfait, à l'abri de tout danger dans cette vie et dans l'autre. Puis il répandit des averses des parfums les plus charmants.

Après quoi le Chah Djouhou alla trouver le Sultan, et lui dit : " Ô mon seigneur, roi du monde, je dois demander faveur et pardon à Votre Majesté. Je désire prendre congé de Votre Majesté et retourner au pays. de Damas, car le pays de Damas est abandonné, ô mon seigneur.

Le sultan dit : « Tout va bien, mon seigneur. Votre pays, en vérité, est séparé de son roi. Sans votre royaume, je souhaiterais ne jamais être séparé de vous, maintenant que j'ai de nouveau ma fille. Mais si je suis enclin à commettre une faute, ne m'y conforme pas. »

Radja Chah Djouhou a répondu ; "Votre fille est comme une âme qui est entrée dans mon corps. C'est ce que je ressens. Mais les innombrables faveurs de Votre Majesté pour moi, je les place au-dessus de ma tête."

Le sultan Haroun-er-Raschid dit alors à son premier ministre : "Ô mon ministre, prépare-toi à mettre en route 3 000 soldats et 300 cavaliers. Et dispose d'éléphants ou de chevaux bien équipés pour transporter mes deux enfants, mari et femme." Lorsque l'escorte fut prête, alors le sultan leur ordonna d'ouvrir le lieu où étaient entreposés ses trésors, et quarante-quatre chameaux furent chargés de richesses, de vêtements d'or tressé et d'objets précieux comme on n'en trouve que dans les palais des rois.

Tous ces préparatifs étant terminés, Radja Chah Djouhou a pris congé de son beau-père, de sa belle-mère et de son beau-frère, Minbah-Chahaz. Ces derniers tenaient tous dans leurs bras et couvraient de baisers la princesse

Djouher-Manikam, ainsi que Radja Chah Djouhou. Lui et son beau-frère Minbah-Chahaz pleurèrent en s'embrassant, et les gens du palais éclatèrent en sanglots avec un bruit semblable à celui des vagues qui se brisent au bord de la mer. Enfin la princesse Djouher et le roi Chah Djouhou, après s'être inclinés devant leur père, leur mère et leur frère, partirent pour le pays de Damas, au son imposant de tous les instruments de musique. Le sultan Haroun-er-Raschid et son fils Minbah-Chahaz les conduisirent hors des fortifications. Lorsqu'ils furent loin, le sultan retourna à son palais, marchant tristement avec son fils Minbah-Chahaz, et priant Dieu de bénir ses enfants.

Après quelque temps de voyage, le Roi Chah Djouhou arriva au pays de Damas. Les officiers et les soldats sortirent des fortifications de Damas et allèrent à la rencontre du prince. Les ministres et les officiers s'inclinaient profondément à ses pieds, tous se réjouissant du retour heureux et de la parfaite santé du roi et de la reine. Le prince entra dans son palais, et les deux époux vécurent pleins de tendresse l'un pour l'autre.

Je ne prolongerai pas cette histoire de la princesse Djouher-Manikam, devenue célèbre dans tous les pays au vent et sous le vent. Je le termine ici en adressant mes meilleurs vœux à ceux qui le liront ou l'entendront, et particulièrement à ceux qui le copieront !

MAKOTA RADJA-RADJA;

OU,

LA COURONNE DES ROIS

[*Traduit par Aristide Marre et CC Starkweather*]

Les rois qui sont de la vraie foi, qui ont de la sagesse et suivent la justice, font parcourir leur royaume à des hommes dignes de leur confiance, qui leur servent d'yeux et d'oreilles, et de faire des rapports sur l'état et la condition de leurs sujets, afin que , connaissant la cause, ils peuvent examiner par eux-mêmes la conduite des serviteurs de Dieu. Mais il y a des rois qui ne se contentent pas du rapport de leurs serviteurs, et vont eux-mêmes la nuit voir l'état et entendre les plaintes des sujets. Puis ils font quotidiennement un examen approfondi des affaires ainsi parvenues à leur connaissance, afin de les régler avec justice et équité.

Une histoire illustrera cela. Zeyd Ibries Selam raconte ce qui suit : Le prince des croyants, le calife Omar (que Dieu soit satisfait de lui !), jugea les serviteurs de Dieu avec équité pendant la journée, et après avoir prononcé ses jugements, il sortit de la ville le jour même. côté vers le cimetière appelé Bakia-el-Gharkada. Là, il taille des pierres pour gagner suffisamment d'argent pour entretenir sa maison, et la nuit venue, il parcourt la ville pour connaître le bien et le mal des serviteurs de Dieu. Une nuit, raconte Zeyd Ibries Selam, "J'accompagnais le prince des croyants, Omar. Alors qu'il était à l'extérieur de Médine, il aperçut un incendie dans un endroit éloigné et se dirigea vers là. A peine avait-il arrivé quand il entendit une femme avec trois enfants, et ces derniers pleuraient. La femme dit : " Ô Dieu le plus haut , je t'en supplie, fais souffrir Omar ce que je souffre maintenant. Il dort rassasié de nourriture, tandis que moi et mon les enfants meurent de faim. Le prince des croyants, Omar, entendant ces paroles, s'approcha de la femme et, en la saluant, lui dit : « Puis-je m'approcher ?

"La femme répondit : 'Si c'est par bonté, viens.'

"Il s'est approché d'elle et l'a interrogée sur sa situation.

"La femme a dit : 'Je viens d'un endroit lointain ; et comme il faisait noir quand je suis arrivée ici, je ne pouvais pas entrer dans la ville. Je me suis donc arrêtée à cet endroit. Mes enfants et moi souffrons de la faim et nous ne pouvons pas dormir. '

« Le calife demanda : « Qu'y a-t-il dans cette bouilloire ?

"La femme a répondu : 'Rien que de l'eau. Je l'ai mise dans la bouilloire pour que les enfants imaginent que je faisais cuire du riz. Peut-être qu'alors ils s'endormiraient et arrêteraient de pleurer si fort.'

"Dès qu'Omar eut entendu ces paroles, il retourna aussitôt à la ville de Médine. Arrivé dans un magasin où l'on vendait de la farine, il en acheta et la mit dans un sac. Dans un autre magasin, il acheta de la viande. Puis il souleva le sac pour il l'emporta sur ses épaules hors de la ville. Je lui dis :

« Ô prince des croyants, donne-moi ce sac, afin que je puisse le porter pour toi. »

« Si vous portez le poids de ce sac, me dit Sa glorieuse Majesté, qui portera le poids de ma faute, et qui me dégagera de la prière de cette femme dans l'affliction de son cœur lorsqu'elle se plaignait à le Seigneur de ma négligence ?

"Omar, après avoir dit ces paroles, continua de marcher en larmes jusqu'à ce qu'il s'approche de la femme et de ses enfants. Puis il lui donna la farine et la viande, et ils mangèrent jusqu'à ce que leur faim soit apaisée. La femme, le cœur satisfait, pleura :

"'Que Dieu le plus haut entende ma prière et vous accorde des bienfaits, puisque vous êtes si plein de compassion pour les serviteurs de Dieu et que vous êtes bien meilleurs qu'Omar.'

"Le calife lui dit : 'Ô femme, ne blâme pas Omar, car il ne savait pas comment tu t'en sortais.'"

Il y avait autrefois un roi en Syrie nommé Malik-es-Saleh, très pieux et juste, et continuellement préoccupé de la situation de ses sujets. On raconte que chaque nuit il se rendait à la mosquée, aux cimetières et autres lieux solitaires, à la recherche d'étrangers, de fakirs et de pauvres gens qui n'avaient ni maison ni famille. Une nuit, arrivant près d'une mosquée, il entendit la voix d'un homme à l'intérieur de l'édifice. Il entra et y aperçut un fakir. Il ne pouvait pas le voir distinctement, car il était recouvert d'une natte. Mais il l'entendit, et voici ce qu'il dit : « Ô Seigneur, si au jour du jugement tu donnes une place au ciel aux rois qui oublient les fakirs et les pauvres, alors, ô Seigneur, accorde-moi de pouvoir pas y entrer. »

Malik-es-Saleh, en entendant ces mots, a versé des larmes. Il plaça devant le fakir un objet avec 100 tahil d'argent et lui dit :

"Ô fakir, j'ai appris du glorieux prophète (que la paix soit avec lui !) que les fakirs deviennent rois au ciel, après une vie d'abnégation sur terre. Puisque je suis roi dans ce monde périssable, je viens à toi avec la faiblesse de ma nature et la bassesse de mon être. Je vous demande d'être en paix avec moi et de vous montrer compatissant envers moi lorsque le moment de votre gloire au ciel sera arrivé.

Lorsque le sultan Zayad siégeait sur le trône royal d'Ikak, le pays était infesté de malfaiteurs, de brigands, de voleurs, d'assassins, etc. Les complexes furent détruits, les maisons pillées et les gens tués. Les habitants ne pouvaient pas dormir une seule nuit au calme, ni passer une seule journée en sécurité chez eux. Une foule de gens vint porter leurs plaintes au sultan Zayad, disant :

"Les complexes sont détruits, les maisons sont pillées et les hommes sont tués." Dans tout l'Irak, on n'entendait que des rapports de ce genre.

Un vendredi, le sultan se rendit à la mosquée pour prier. Il ferma alors toutes les portes et dit aux gens présents dans la mosquée : « Ô serviteurs de Dieu présents maintenant dans cette mosquée, sachez qu'un devoir m'est imposé. Je dois protéger mes sujets, car je devrai rendre compte de mes actions au jour du jugement. Il y a maintenant dans ce pays un grand nombre de malfaiteurs, et beaucoup de mes gens ont été ruinés par eux. Il est de mon devoir de réprimer ces désordres. Alors, écoutez ce que j'ai à dire. , et répétez-le à ceux qui ne sont pas présents. Je vous jure que quiconque, dans trois jours, quittera sa maison après l'heure de la prière du soir, sera mis à mort.

Lorsque les trois jours furent écoulés et que la quatrième nuit arriva, le sultan Zayad monta à cheval et traversa la ville avec une escorte de cavaliers. Il arriva hors de la ville et vit un homme debout sous un arbre, au milieu d'un troupeau de moutons et de chèvres. Il lui dit : « Qui es-tu ? »

L'homme dit : « Je viens d'un village éloigné et j'amène des moutons et des chèvres en ville pour les vendre et, avec leur prix, acheter ce que je peux pour ma femme et mes enfants. Quand je suis arrivé à cet endroit, j'étais si fatigué que je ne pouvais pas entrer dans la ville et que j'étais obligé de rester ici, avec l'intention d'entrer au point du jour et de vendre mes moutons et mes chèvres.

Le sultan Zayad, ayant entendu cette réponse, dit : « Vos paroles sont vraies, mais que puis-je faire ? Si je ne vous mets pas à mort demain, quand la nouvelle se répandra, on dira que le sultan Zayad n'est pas fidèle à sa parole. . Ils me considéreront avec dédain, et personne n'obéira à mes ordres. Et les méchants commettront des actes de violence contre les bons, et mon pays sera ruiné. Le ciel est meilleur pour vous que ce monde. Il le fit donc mettre à mort et ordonna qu'on lui prenne la tête.

Durant cette même nuit, tous ceux qu'il rencontra furent tués et décapités. On dit qu'au cours de cette première journée, 500 personnes furent mises à mort. A l'aube, il fit exposer toutes ces têtes sur les grands chemins, et publia cette proclamation :

"Quiconque n'obéira pas aux ordres du sultan Zayad subira le même sort."

Lorsque les habitants du pays virent ces têtes exposées de tous côtés sur la terre, ils furent effrayés et une crainte respectueuse du sultan Zayad remplit tous les cœurs.

La deuxième nuit, le sultan Zayad sortit de nouveau de la ville et cette nuit-là, 500 personnes furent tuées.

La troisième nuit, il resta hors de la ville jusqu'au matin, mais il ne rencontra personne.

Le vendredi suivant, le sultan Zayad se rendit à la mosquée, fit ses prières et déclara : « Ô serviteurs de Dieu, que personne après aujourd'hui ne ferme la porte de sa maison ni de sa boutique. Je me charge de remplacer celles de vos biens qui seront détruits ou volés.

Ils obéirent tous à ses ordres, car ils le craignaient beaucoup. Leurs portes restèrent ouvertes plusieurs nuits, et ils ne subirent jamais la moindre perte. Mais au bout d'un moment, un homme s'est plaint au sultan en disant : « La nuit dernière, quelqu'un m'a volé 400 tahil. »

Le sultan dit : « Pouvez-vous le jurer ?

L'homme jura sur les faits et le sultan se fit compter 400 tahil à la place de ceux qu'il avait perdus. Le vendredi suivant, après la prière, interdisant à quiconque de sortir de la mosquée, le sultan dit : « Ô serviteurs du Seigneur, sachez que 400 tahil ont été volés dans la boutique d'un certain homme. A moins que vous ne dénonciez le voleur, aucun d'entre vous vous échapperez, mais aujourd'hui vous serez tous mis à mort.

Désormais, comme il avait rigoureusement ordonné d'assister à la prière du vendredi, toute la ville était venue à la mosquée. Ils furent saisis d'effroi, car ils savaient que le sultan tenait parole, et ils dénoncèrent le voleur. Ce dernier a rendu les 400 tahil et a reçu sa punition.

Longtemps après, le sultan Zayad demanda : « Dans quel endroit de mon royaume craignent-ils le plus les voleurs ?

"Dans la vallée des Beni Ardou, au pays de Bassrah, car là ils sont nombreux."

Le sultan Zayad fit un jour joncher les routes et les sentiers de la vallée d'or et d'argent, de pierres précieuses et d'étoffes de grand prix. Toutes ces choses sont restées là longtemps et aucune n'a été prise. Alors le Sultan leur ordonna de s'emparer de ces richesses et de les donner aux fakirs et aux pauvres. Puis il rendit grâce à Dieu d'avoir ainsi solidement établi sa loi parmi ses sujets.

C'était maintenant l'époque où Nouchirvau gouvernait avec justice et équité, protégeant ses sujets et faisant prospérer son royaume. Un jour, il demanda aux grands de sa cour : « Y a-t-il dans mon royaume des lieux déserts et sans habitants ?

Les grands qui étaient là répondirent : « Ô roi du monde, nous ne connaissons pas dans tout le royaume de Votre Majesté un endroit qui ne soit habité. »

Nouchirvau garda le silence et ne quitta pas le palais pendant plusieurs jours. Il fit appeler dans son cabinet particulier un savant docteur nommé Bouzor Djambour, et lui dit :

"Je désire savoir avec certitude si toutes les parties de mon royaume sont peuplées, ou s'il y en a qui ne le sont pas. Comment puis-je en être sûr ?"

"Pour que le désir de Votre Majesté soit pleinement satisfait, il vous suffit de vous abstenir de quitter le palais."

En disant cela, Bouzor Djambour prit congé du Roi et se rendit à la salle d'audience du Roi. Il s'adressa ainsi à ceux qui y étaient assemblés : « Ô ministres, généraux et tous présents, sachez que Sa Majesté est malade. Maintenant, pour le guérir, vous devez me trouver un peu de terre provenant d'un endroit en ruine et inhabité. ... Ceux qui sont de fidèles serviteurs du Roi n'hésiteront pas à accomplir immédiatement cet acte de dévouement à son service, et à se mettre aussitôt à la recherche du remède que j'ai nommé.

A peine ces paroles furent-elles prononcées, qu'on envoya des hommes fouiller les villes et les villages et trouver de la terre dans un endroit en ruine et inhabité. Ils ne trouvèrent qu'une seule maison en ruine, et le gouverneur de la ville en dit ce qui suit : « Un commerçant s'était établi autrefois dans cette demeure. Il mourut et laissa beaucoup de richesses. Comme aucun de ses héritiers ne se présenta, nous fermâmes les portes avec des pierres. et du mortier, attendant leur arrivée. La maison est donc tombée en ruine.

Alors les gens prirent un peu de terre sous la maison et l'apportèrent au roi en lui racontant ce qui s'était passé. Alors le roi convoqua une assemblée et dit :

" Sachez tout à fait que ma maladie ne provenait que de ma crainte qu'il n'y ait dans mon royaume une maison en ruine. Maintenant qu'il m'a été démontré qu'il n'existe dans tout mon royaume pas un seul endroit en ruine, mais que le pays est bien peuplé, ma maladie est guérie, vu que mon royaume est en parfait état.

Au temps de Nouchirvau, un homme vendait sa propriété à un autre homme. L'acheteur de cette propriété, en faisant des réparations, trouva dans la terre de nombreuses jarres remplies d'or qu'on y avait enterrées. Il s'est immédiatement rendu chez celui qui lui avait vendu les lieux et lui a annoncé la nouvelle. Le vendeur a dit :

"Cet or n'est pas à moi, car je ne l'ai pas mis en terre. Je vous ai vendu le terrain; la découverte que vous avez faite est à vous."

L'acheteur répondit : "J'ai acheté les lieux seul, je n'ai pas acheté d'or ; il est donc à vous." Comme chacun refusait de prendre le trésor, ils se rendirent chez le roi Nouchirvau et lui racontèrent l'affaire en disant : « Cet or doit être la propriété du roi ». Mais le roi Nouchirvau ne voulut pas remporter l'or. Il a demandé aux deux hommes s'ils avaient des enfants. Ils répondirent : "Oui, monseigneur, nous avons chacun un enfant, un garçon et une fille."

"Eh bien," dit le roi, "mariez la fille au garçon et donnez-leur l'or que vous avez trouvé."

Dans les temps anciens, un roi de Chine tomba malade et, à cause de sa maladie, il perdit l'audition. Il pleura de tristesse à cause de cette affliction et devint très maigre et pâle. Ses ministres vinrent un jour et lui demandèrent de leur dire par écrit son état. Il répondit : « Je ne suis pas malade, mais tellement affaibli par mon inquiétude et mon désarroi que je n'entends plus la parole de mes sujets lorsqu'ils viennent se plaindre. Je ne sais comment agir pour ne pas être coupable de négligence dans le domaine. gouvernement de mon royaume. »

Les ministres dirent alors : « Si les oreilles de Votre Majesté n'entendent pas, nos oreilles remplaceront celles du Roi, et nous pourrons porter à Sa Majesté les plaintes et les regrets de ses sujets. Pourquoi donc Sa Majesté serait-elle si si soucieuse ? perturbé par l'affaiblissement de ses forces physiques ?

Le roi de Chine répondit : « Au jour du jugement, c'est moi, et non mes ministres, qui devra rendre compte des affaires de mes sujets. Je dois donc examiner moi-même leurs plaintes et leurs troubles. Je suis sûr que le Le fardeau de gouverner serait plus léger pour moi si je pouvais avoir la tranquillité d'esprit. Mais mes yeux peuvent voir, bien que mes oreilles soient sourdes.

Et il leur ordonna de publier cet édit : « Tous ceux qui sont victimes d'injustice doivent mettre leurs plaintes par écrit et les porter au Roi afin qu'il examine leurs malheurs. »

Ils racontent aussi l'histoire suivante : Il y avait autrefois dans la ville d'Ispahan, un roi dont la puissance et la gloire l'avaient rempli d'orgueil. Il ordonna à ses ministres de lui construire un palais à un certain endroit. Les ministres, avec les architectes, ordonnèrent aux esclaves d'aplanir le terrain de manière à former une vaste esplanade et de faire disparaître toutes les maisons du quartier. Parmi ces maisons, dit-on, il y en avait une appartenant à une vieille femme très pauvre et sans famille pour l'aider. Malgré son grand âge, elle allait travailler comme elle le pouvait, dans différents endroits, mais pouvait à peine survivre avec ses gains. Sa maison située à proximité du site choisi pour le nouveau palais était vieille et en mauvais état. On raconte qu'un jour, après avoir parcouru une longue distance pour chercher du travail, elle tomba malade et resta longtemps sans pouvoir rentrer chez elle. Alors les architectes qui construisaient le palais dirent : « Nous ne devons pas laisser cette masure rester si près du palais du roi. » Ils rasèrent donc la cabane, nivelèrent la terre et achevèrent le palais avec toutes sortes d'embellissements. Le roi, en prenant possession, organisa une grande pendaison de crémaillère.

Or, ce jour-là, la vieille femme rentra chez elle. En arrivant, elle ne trouva aucune trace de sa maison et fut stupéfaite. Dans une main elle tenait un bâton, dans l'autre du bois sec pour son feu. Sur son dos, elle portait un paquet de riz et d'herbes pour cuisiner. Elle était fatiguée par un long voyage et s'évanouissait de faim. Lorsqu'elle a vu que sa maison avait disparu, elle ne savait plus quoi faire ni où aller. Elle fondit en larmes. Les serviteurs du roi la chassèrent et, en chemin, elle tomba, renversa son riz et ses herbes et tomba dans la boue. Dans cet état de désolation indescriptible, elle s'écria : « Ô Seigneur, venge-moi de ces tyrans !

La vieille femme avait à peine cessé de parler, qu'on entendit au-dessus d'elle la voix d'un être invisible disant : « Ô femme, fuyez vite d'ici, car la colère de Dieu s'avance sur le roi. » Horrifiée, elle se releva et s'enfuit en toute hâte. De nouveau, elle entendit la voix qui disait : « Ô femme, regarde derrière toi le palais. » Elle regarda derrière elle et vit le palais, le roi et tous ses ministres et serviteurs engloutis dans les entrailles de la terre par la volonté de Dieu. Et jusqu'à ce jour, cet endroit vomit du feu et de la fumée comme une marque et un avertissement.

Le Kitab Tarykh raconte que dans les temps anciens, sous les rois de Perse nommés Moah, qui suivaient les règles de la justice, les hommes étaient heureux. Mais après ces rois, Izdegherd-ibn-Chahryar régna sur la Perse. Par sa dure tyrannie, il détruisit la haute réputation des rois de Perse et mit misérablement fin à une série de règnes qui durent 4 000 ans et se distinguèrent dans le monde entier pour leur justice et leur équité. Sous le règne de ce misérable tyran, d'innombrables hommes périrent et un grand nombre de villes prospères et célèbres furent dévastées. Toutes les classes supérieures des citoyens étaient plongées dans la détresse la plus effroyable et la désolation la plus lamentable, et il serait impossible de dire combien le deuil était grand et étendu. Pendant que tous gémissaient d'affliction, le roi se réjouissait.

Un jour, dans son orgueil présomptueux, il réunit ses ministres et ses généraux pour montrer sa puissance royale et sa domination sur le peuple. Il était assis sur son trône, entouré d'une foule de courtisans, lorsque tout à coup un beau cheval traversant la ville au galop entra droit dans le palais du Roi, parmi les ministres et les grands. Ils admirèrent tous ce beau cheval comme personne n'en avait jamais vu. Personne n'osait le saisir alors qu'il caracolait de droite à gauche. Soudain, le cheval s'approcha du trône et se coucha aux pieds du roi. Le roi le caressait et le caressait, et le cheval ne bougeait jamais. Alors le méchant Roi se mit à rire et dit : "Ô mes ministres, vous voyez jusqu'où va ma grandeur. Ce n'est qu'à mon trône que ce merveilleux cheval s'est arrêté. Je le monterai et le monterai sur l'esplanade." Le roi fit apporter une selle, et il la plaçait de ses propres mains sur le cheval, lorsqu'il reçut un tel coup de pied dans le cœur qu'il fut immédiatement tué. Puis le merveilleux cheval a disparu, et personne n'a vu où il allait. Tout le monde se réjouit et dit : « En vérité, ce cheval mystérieux était un des anges de Dieu envoyés pour exterminer un tyran. »

C'est du temps de ce roi, et par sa tyrannie, que le royaume du souverain de Perse fut gouverné et tomba entre les mains d'un autre peuple. Le roi Khochtacab, le plus célèbre de tous les rois de son temps, par sa puissance, sa grandeur et sa magnificence, avait élevé en rang un homme nommé Rassat Rouchin, nom qui signifie en Perse « sincère et brillant ». Influencé par ce beau nom, le Roi oublia toute prudence, et sans aucune preuve de sa capacité il éleva cet homme au pouvoir et le fit ministre, lui confiant le soin des affaires les plus importantes de son royaume et lui accordant toute sa confiance. . Sa conduite apparente était irréprochable, et ses actes avaient pour tout le monde l'apparence de l'honnêteté et de la vérité. Un jour, le ministre Rassat Rouchin dit au roi : « Le peuple, à cause de notre indulgence et de notre bonté, oublie son devoir et ne montre plus de déférence ni de respect. Il faut lui inspirer de la crainte, sinon les affaires ne prospéreront pas. »

Le roi, dans sa confiance aveugle, répondit : « Faites ce que vous pensez être juste. » Dès que le ministre fut sorti du palais du roi , il adressa aux villes et villages une proclamation dans laquelle il disait : « Sa Majesté est irritée contre ses sujets. Vous devez tous venir avec des cadeaux pour apaiser sa colère. De toutes parts arrivaient des princes, des ministres et des grands du royaume, avec des objets précieux et magnifiques. Pris de peur, ils demandèrent conseil au ministre Rassat Rouchin.

« Comment, dirent-ils, oserons-nous nous présenter devant Sa Majesté dans son état actuel de colère contre nous ?

Alors le ministre répondit : « Si l'instant de la mort n'est pas encore venu pour vous, j'essaierai de vous sauver. Je tremble de vous admettre auprès du Roi. Mais que puis-je faire ? En raison de la situation critique, j'irai seul . devant le roi et présentez votre cause. Ainsi, chaque jour, il ne les conduisait que jusqu'à la porte du Roi. Là, on leur fit part des amendes auxquelles ils avaient été condamnés. Il prit ainsi ce qu'ils avaient et les renvoya chez eux.

Ce genre de choses dura longtemps jusqu'à ce que les moyens du peuple soient épuisés et que le trésor devienne complètement vide. Le roi, toujours plein de confiance dans la droiture du ministre, ignorait tout cela. Mais à cette époque-là, il y avait un roi qui était un ennemi du roi Khochtacab. Lorsqu'il apprit que les sujets de ce dernier souffraient cruellement de l'oppression de son ministre et que ses généraux étaient affaiblis par la faim, il reprit courage et envahit le royaume. Alors le roi Khochtacab ordonna que son trésor soit ouvert et qu'on en retire toutes les richesses pour satisfaire l'armée, gagner le cœur des généraux et défrayer les dépenses de la guerre. Mais il constata qu'il ne restait plus rien dans le trésor. L'armée, affaiblie, est incapable de résister. Le roi, enfermé dans son fort, ne put attaquer l'ennemi, qui ravagea et dépouilla le royaume.

Le roi, considéré comme si grand, fut cruellement blessé par la honte de sa défaite. Il ne savait où donner de la tête. Son âme était profondément troublée. Un jour, alors qu'il sortait de la ville, errant au hasard dans la plaine et la forêt, il aperçut au loin une cabane de berger, à la porte de laquelle étaient deux chiens pendus par le cou. Voyant le roi, le berger s'approcha et le conduisit à sa masure et lui servit la meilleure nourriture qu'il pouvait se permettre. Mais le roi dit :

"Je ne mangerai pas avant que vous ne m'ayez dit pourquoi vous avez pendu ces deux chiens à la porte de votre cabine."

Le berger répondit : "Ô roi du monde, j'ai pendu ces deux chiens parce qu'ils avaient trahi mon troupeau. Comme mon troupeau dépérissait, je me suis caché un jour pour voir ce qui se passait. Le loup est venu et les chiens ont joué avec lui et l'ont laissé." " Il a enlevé des moutons et des chèvres. J'ai donc pendu les deux chiens comme traîtres infidèles. "

Le roi revint en ville et réfléchit à cette singulière histoire. "C'est pour moi une leçon", dit-il, "une révélation. Il est impossible de ne pas voir que mes sujets sont le troupeau et que je suis le berger, tandis que mon ministre a agi comme les chiens de berger, et l'ennemi qui a mon Le royaume est le loup. Je dois examiner la conduite de mon ministre et voir avec quelle fidélité il m'a servi.

De retour au palais , il appela ses secrétaires et leur demanda d'apporter les registres dans lesquels étaient tenus les comptes du royaume. A l' ouverture de ces registres, il vit qu'ils ne mentionnaient que le nom du ministre Rassat Rouchin, et contenaient des mentions telles que : « Intercession de Rassat Rouchin en faveur de tel et tel princes, de tel et tel ministres, et de grands tel et tel, qui demandez pardon de leurs fautes. Rassat Rouchin a pris leurs trésors et leur a accordé grâce. Il n'y avait rien d'autre dans les registres. Quand le roi vit cela , il dit :

" Celui qui fonde sa foi sur un nom se retrouve souvent sans pain, tandis que celui qui cherche du pain sans foi perdra son âme à la place. "

Ces mots, le roi les avait gravés en lettres d'or et fixés sur la porte. Et à cette porte il fit pendre le faux ministre comme on pendait les chiens à la porte de la cabane.

Un roi de Perse, dans un accès de colère contre sa femme à cause d'une certaine faute qu'elle avait commise, ordonna à son premier ministre de la mettre à mort, ainsi que son nourrisson. Le ministre, à cause de la colère furieuse du roi, n'osa pas plaider la cause de la reine, mais la conduisit chez sa mère. Le ministre trouva une autre femme condamnée à mort et la fit exécuter en disant au roi que c'était la reine qui avait été décapitée. L'enfant du roi grandit et se nourrit jusqu'à devenir un beau jeune homme. Mais le roi devint de plus en plus morose et mélancolique et s'enferma dans le palais. Le ministre, remarquant cette tristesse continuelle du Roi, dit :

"Ô roi du monde, qu'est-ce qui s'est passé dans le cœur de Votre Majesté ? Racontez-moi, je vous prie, la cause de votre chagrin."

Et le roi dit : « Ô ministre, comment ne pas être triste et dérangé ? Me voici vieillissant et je n'ai pas de fils pour faire vivre mon nom et protéger mon royaume. C'est la cause de mon chagrin et de mon malheur. »

Lorsque le ministre entendit ces paroles, il dit : « Ô roi du monde, ton chagrin ne durera pas longtemps, car tu as un fils, capable de préserver et de protéger ton royaume. Ce fils qui est à toi a de l'intelligence, de l'éducation, des dons naturels et d'une grande beauté personnelle et d'un caractère des plus excellents.

Le roi dit : « Où est ce fils dont j'ignorais l'existence ?

Le ministre répondit : "Votre Majesté n'est pas au courant de son existence, mais je sais qu'il est bien vivant." Le ministre raconta ensuite comment il avait épargné la vie de la reine et de son enfant. Le roi fut transporté de joie et s'écria : « Heureux le roi qui a un tel ministre !

Le ministre s'inclina profondément et dit : « Quand votre fils, le prince, se présentera-t-il ?

Le roi répondit : « Allez chercher quarante jeunes hommes de son âge, de sa corpulence, de sa silhouette et de son teint. Faites-les tous habiller de la même façon. Amenez ces quarante jeunes gens avec mon fils à un certain endroit de la plaine. Attendez-moi là-bas, mais ne le dites pas. " Ce secret pour une âme. Quand je serai arrivé sur place, faites se présenter devant moi ces quarante jeunes hommes. Si mon fils est parmi eux , je le reconnaîtrai très certainement. "

Le ministre prit congé du roi et, le cœur rempli de joie, se mit à faire ce que le roi avait ordonné. Lorsque le roi fut arrivé à l'endroit choisi, son ministre s'avança, suivi de quarante et un jeunes gens, tous habillés de la même manière. Dès que le roi les eut aperçus , il reconnut son fils et l'appela à ses côtés. Puis il retourna en ville avec lui et tous les grands. Le lendemain, il invita ces derniers à une grande fête et offrit à chacun d'eux un cadeau splendide. Il remit son royaume à son fils, prenant soin de le placer lui et son gouvernement sous la tutelle du bon ministre qui avait sauvé sa femme et l'avait élevé. Alors le roi entra dans une retraite religieuse et, tant qu'il vécut, il s'occupa du service de Dieu.

Le sultan Alexandre, dit le Deux Cornes, envoya au début de son règne un ambassadeur auprès du roi Darius, alors au zénith de sa grandeur. A son retour, cet ambassadeur fit son rapport au roi Alexandre. Ces derniers l'ont lu, mais ont eu des doutes sur un certain mot qu'il contenait. Il interrogea son ambassadeur à propos de ce mot et lui dit : « Avez-vous entendu ce mot exact de la bouche du roi Darius ?

L'ambassadeur a répondu : « Je l'ai entendu de mes propres oreilles. »

Le roi Alexandre, ne pouvant y croire, écrivit une seconde lettre, mentionnant ce mot, et envoya au roi Darius un autre ambassadeur, chargé de le remettre. Lorsque le roi Darius, lisant la lettre du roi Alexandre, tomba sur ce mot spécial, il prit un couteau et le découpa, puis écrivit une lettre au roi Alexandre, dans laquelle il dit : « La sincérité de l'âme du roi est la fondement de son royaume et de sa grandeur. Ses paroles doivent donc être fidèlement transmises et reproduites par son ambassadeur. J'ai coupé dans votre lettre un certain mot, car il n'a jamais été prononcé par moi. Et si votre ancien ambassadeur était seulement ici Je lui couperais la langue menteuse, tout comme j'ai supprimé le mot de votre lettre. »

Lorsque cette réponse du roi Darius fut portée au roi Alexandre , il la lut et convoqua devant lui l'ambassadeur infidèle. « Pourquoi, dit-il, étiez-vous prêt, d'un seul mot, à causer la perte de beaucoup d'hommes et de pays ?

"Parce qu'ils m'ont montré peu de déférence et ne m'ont pas bien traité."

Le roi Alexandre dit : « Homme insensé ! Et vous pensiez que nous vous envoyions veiller à vos propres intérêts personnels et négliger ceux de la nation ? Il ordonna qu'on lui arrache la langue et fit une proclamation disant : « Tel est le sort des traîtres qui rapportent faussement les paroles des rois. »

Dans le Kitab Tarykh, on raconte ce qui suit : Le sultan Homayoun envoya un ambassadeur auprès du roi du Khorassan. Lorsque cet ambassadeur, à son arrivée dans le pays, eut remis la lettre du sultan au roi, celui-ci demanda :

"Comment votre roi se comporte-t-il à l'égard de ses sujets ? Comment les gouverne-t-il ?"

« La règle de conduite et le mode de gouvernement utilisé par mon roi, répondit l'ambassadeur, sont de se faire aimer de tous ses sujets.

Le roi demanda : « De quelle nature est l'affection de votre roi pour ses sujets ?

"Celle d'une mère et d'un père pour leurs enfants et petits-enfants."

« Dans les moments difficiles et calamiteux, comment votre roi se comporte-t-il ?

"Il montre qu'il ne se soucie pas des richesses, car la porte de son trésor est toujours ouverte."

"Dans les réceptions quotidiennes, comment se comporte votre roi ?"

"Les réceptions de mon Roi ressemblent aux jardins du Paradis rafraîchis par des brises douces et parfumées du souffle embaumé de plantes odorantes ou comme une mer remplie de perles et de coraux."

Le roi demanda encore : « Et en conseil, comment parle votre roi ?

L'ambassadeur répondit : "Tous ceux qui entendent mon roi en conseil deviennent sages s'ils manquent de sagesse, et courageux s'ils manquent de courage."

Le roi du Khorassan fut enchanté des réponses de l'ambassadeur, le combla de cadeaux et lui dit : « L'esprit et le jugement de votre roi se reflètent dans la personne de son ambassadeur. Ils devraient tous être comme vous. Et il adressa en réponse au Sultan une lettre remplie de compliments et de félicitations.

Dans le Kitab Tarykh, il est raconté que le sultan Mahmoud aimait son serviteur Ayaz en raison de l'excellence de son esprit et de son jugement. Les autres serviteurs du sultan étaient jaloux d'Ayaz et murmuraient contre lui. Un jour, les ministres et les grands étaient en présence du sultan Mahmoud, et Ayaz se tenait respectueusement devant lui. Quelqu'un a apporté un concombre en cadeau au sultan. Le sultan le coupa en tranches et en mangea un morceau. Il trouva cela très amer, mais n'en donna aucun signe. Il en tendit un morceau à Ayaz en lui disant : « Mange un peu de ce concombre et dis-moi quel goût il a, afin que les autres personnes présentes puissent en manger aussi, et dis-nous s'ils ont déjà mangé quelque chose de semblable. Ayaz salua et mangea du concombre avec une apparence de plaisir.

"C'est très bien."

Le roi en fit manger aux autres. Ils trouvèrent que c'était amer et furent en colère contre Ayaz et lui demandèrent comment il osait mentir de cette manière.

« C'est vrai, » dit le sultan ; "Comment peux-tu dire que c'était bien ?"

Ayaz répondit avec respect : « Que le Seigneur bénisse le roi du monde ! Combien de faveurs m'as-tu accordées ! Combien de friandises sucrées et salées ! Comment pourrais-je donc faire une grimace devant un morceau amer ? au contraire, de déclarer que l'amertume de cette bouchée est complètement annulée par la douceur délicieuse des autres, afin que Votre Majesté continue à m'accorder des friandises comme auparavant.

Un certain roi, vaniteux de son pouvoir royal, avait un serviteur très pieux et vrai croyant, très pointilleux dans l'exercice de ses devoirs religieux. Le roi le distinguait entre tous comme quelqu'un en qui il pouvait avoir confiance en raison de l'intégrité de son cœur. Il lui avait donné cet ordre : « Ne t'éloigne pas d'ici, de jour comme de nuit. Surveille bien et ne néglige pas mon service. Le serviteur, après avoir accompli ses devoirs religieux, prenait son poste, où le roi le faisait venir de temps en temps. Mais le roi avait besoin de lui, et il était introuvable. Ils envoyèrent le chercher, mais en vain, et le roi se mit très en colère contre lui. Finalement le serviteur arriva et se prosterna devant le roi. Ce dernier, plein de colère, demanda :

"Pourquoi es-tu en retard ? Pourquoi ne fais-tu pas attention à mes commandes ?" Et il ordonna que l'homme soit puni, pour le rendre plus attentif au service du Roi.

Mais le domestique répondit : « Si je suis en retard, c'est seulement à cause du grand embarras dans lequel je me trouve placé. »

"Quel embarras ? Dis-moi."

Le serviteur, s'inclinant profondément, parla ainsi : « Mon embarras vient du fait que j'ai deux maîtres à servir. Le premier est le vrai Maître, celui qui a créé l'univers et les enfants d'Adam, dont les châtiments sont très sévères. Le second n'est que le serviteur du premier, et non le vrai maître. Je suis obligé de veiller au service du vrai Maître avant de servir le second. C'est l'embarras dans lequel je me trouve.

Lorsque le roi entendit ces paroles, il versa d'abondantes larmes et dit : « À partir de ce jour, vous êtes libres. Suivez le service du Seigneur et n'oubliez pas de prier pour moi.

Les serviteurs du Roi doivent aimer leur Roi plus que leur propre vie, leur mère, leur père, leurs enfants, leurs petits-enfants, leur famille, leurs richesses et tout ce qui leur appartient. En un mot, pour eux la personne de leur roi doit être avant tout, afin qu'on puisse les appeler de vrais serviteurs du roi, et qu'en toute vérité on puisse les appeler ses favoris. On raconte qu'un jour le sultan Mahmoud Ghazi (que la grâce soit sur lui !) était assis sur son trône, entouré de ses ministres et de ses officiers, parmi lesquels se trouvait Ayaz. Le sultan dit à son trésorier :

" Allez à la chambre du trésor. Apportez en un certain endroit de l'or, de l'argent, des pierres précieuses et d'autres objets de grande valeur. Car nous y allons pour nous amuser et présenter ces trésors à ceux qui nous accompagneront. "

Un jour, le sultan commença à aller s'amuser à cet endroit, et dès que la nouvelle se répandit, un grand nombre de personnes l'y suivirent. Arrivé, il s'arrêta à un endroit plat, propre et bien éclairé, et dit à son trésorier :

"Exposez mes trésors ici, en ce lieu, afin que tous ceux qui sont heureux obtiennent un présent selon leur degré de bonheur, et qu'on sache qui sont ceux qui ont le plus de chance et ceux qui en ont le moins."

Tous ceux qui entendaient ces paroles s'approchèrent rapidement, se précipitant, les yeux grands ouverts et le regard fixé sur le trésorier, le priant d'exposer les cadeaux à l'endroit désigné. A ce moment précis, le sultan lança son cheval au galop et s'éloigna d'eux. Lorsqu'il fut loin et hors de leur vue, il s'arrêta et regarda derrière lui. Là, il vit Ayaz, le seul qui l'avait suivi. Les autres, préoccupés de récupérer leur part des trésors, ne soupçonnèrent jamais que le sultan était parti et qu'il était déjà loin d'eux. Le sultan, s'arrêtant un instant, revint à la ville.

De leur côté, les ministres et les grands, ayant pris possession des objets les plus précieux, rentraient joyeusement chez eux. En chemin, ils comparèrent leurs notes sur leurs parts du trésor. L'un d'eux a dit : « J'ai eu la meilleure des chances » ; et un autre : "Non, j'ai eu le meilleur." Et tous, quels qu'ils fussent, dirent la même chose, car tous, sauf Ayaz, avaient leur part des cadeaux du roi. Alors ils dirent entre eux : « Il est clair que celui qui n'a pas de chance, c'est Ayaz. »

Certains jaloux ajoutaient : "En vérité, Maître Ayaz n'a aucune chance. Par son manque d'intelligence et de bon jugement, il n'a reçu aucun des cadeaux du Sultan."

Ayaz entendit toutes ces remarques, mais garda le silence. Quelques jours plus tard, le sultan sortit de son palais et s'assit sur le trône. Tous les grands vinrent en sa présence. Ayaz se tenait devant lui. Le sultan demanda :

"Lequel d'entre vous n'a pas eu de chance ?"

Les ministres répondirent : "C'est Ayaz ! Il n'a pas reçu un seul des nombreux cadeaux de Votre Majesté. Il est clair qu'il n'a pas de chance, car il a laissé tous ces objets précieux et est revenu les mains vides."

Le Sultan dit : « Ô Ayaz, nos cadeaux sont-ils sans valeur à tes yeux, pour que tu les dédaignes ? Je ne sais pas pourquoi tu n'as rien pris de ce qui était à ta portée. Tu les aurais empêchés de dire que tu n'as pas de chance. Quelle était votre motivation en faisant une chose qui n'a l'approbation de personne ? »

Ayaz répondit : "Que les jours et la prospérité du Roi augmentent ! Que les cadeaux qu'il a offerts à ses serviteurs ne ternissent jamais. Quant à moi, j'ai plus de chance que ceux qui ont reçu les cadeaux de Votre Majesté."

Le sultan dit : « Ô Ayaz, prouve-moi la véracité de tes paroles. »

Ayaz répondit : « S'ils trouvèrent une part dans les largesses qui leur furent accordées, je trouvai l'auteur lui-même de ces grands dons. S'ils trouvèrent de l'or, je trouvai le maître de l'or. Si d'autres trouvèrent de l'argent, je trouvai le maître de l'or. de l'argent. Si d'autres ont trouvé des pierres précieuses, j'ai trouvé le maître des pierres précieuses. Si d'autres ont encore trouvé des perles, j'ai trouvé l'océan des perles. Qui donc, ô roi du monde, parmi tous ceux qui se vantent d'avoir de la chance, a-t-il plus que moi ? »

Le sultan répondit : « Ô Ayaz, dis-moi quel est le sens de tes paroles. Où est tout ce que tu dis avoir trouvé ?

Ayaz répondit : « Que le Très-Haut protège la personne du roi du monde, plus précieuse pour moi que tous ces objets de prix ! En quelque lieu que soit son auguste personne, me voilà, et j'obtiens ainsi tout ce que mon cœur désirs. Quand je suis avec Votre Majesté, et que Votre Majesté est avec moi, que me manque-t-il ? Qui donc a plus de chance que moi ?

Un jour, le sultan Alexandre fut plongé dans la tristesse et se tint enfermé dans son palais. Le sage Aristote se présenta devant lui et, le voyant absorbé dans de tristes pensées, lui demanda :

"Pourquoi le sultan est-il si triste et qu'est-ce qui l'empêche de sortir de son palais ?"

Le sultan Alexandre répondit : « Je suis attristé à la pensée de la petitesse de ce monde et de tous les ennuis que je me donne, ainsi qu'aux autres, pour régner sur un monde qui ne vaut si peu. C'est la vanité de mon des œuvres qui me rendent triste.

Aristote répondit : « La réflexion du Sultan est juste, car qu'est-ce qu'est en vérité le monde ? Certes il n'a pas assez d'importance en soi pour que le Sultan s'occupe d'un vain royaume. Mais le gouvernement de ce monde est une marque. du royaume sublime et éternel de l'autre monde, et ce royaume le Sultan peut obtenir en gouvernant ce monde présent avec justice. Votre Majesté doit donc donner tous ses soins au gouvernement de ce monde, pour obtenir enfin dans l'autre monde un royaume dont la grandeur est au-delà de toute mesure et la durée est éternelle. »

Le sultan Alexandre entendit avec plaisir les paroles de son sage conseiller.

Deux qualités sont essentielles aux rois, la générosité et la magnanimité. Lorsqu'un ministre remarque chez son roi des sentiments indignes de son rang, il doit l'en avertir et le détourner des actions indignes. On raconte qu'un roi, ayant fait un don de 500 dirhems, son ministre lui dit : « J'ai entendu de la bouche des sages qu'il n'est pas permis aux rois de faire un présent de moins de 1 000 dirhems !

Un jour, Haroun-er-Raschid fit un don de 500 tahil. Son ministre, nommé Yahya, fit tous ses efforts, par signes et par gestes, pour l'en empêcher. Quand tous ceux qui étaient présents furent partis, Haroun-er-Raschid dit :

"O Yahya ! qu'essayais-tu de faire avec tous tes signes ?"

Ce dernier répondit : "Ô prince des vrais croyants ! J'essayais de dire que les rois ne doivent jamais laisser paraître qu'ils sont capables de faire des cadeaux de moins de 1 000 dirhems."

Un jour, le roi Mamoun-er-Raschid entendit son ministre, nommé Abbas, dire à un serviteur : « Va au bazar et achète quelque chose avec ce demi-tahil ».

Mamoun-er-Raschid était en colère contre lui et dit : « Vous êtes capable de diviser un tahil en deux ! Ce n'est pas convenable pour un ministre ; vous n'êtes pas digne de ce nom », et il l'a immédiatement destitué de ses fonctions.

Dans le Kitab Sifat-el-Molouk, il est rapporté que le roi Chabour, donnant ses dernières instructions à son fils, dit : « Ô mon fils ! Chaque fois que tu fais un présent à quelqu'un, ne le fais pas de tes propres mains. N'examinez même pas et ne faites pas apporter devant vous les présents que vous faites. Chaque fois que vous faites un présent, veillez à ce qu'il soit au moins l'équivalent en valeur du revenu d'une ville, afin qu'il enrichisse les destinataires et qu'il rende eux et leurs enfants et petits-enfants à l'abri de l'adversité. De plus, mon enfant, garde-toi toute ta vie de te livrer aux opérations de commerce de ton royaume. Car ce genre d'affaires est indigne d'un roi qui a de la grandeur de caractère, de la prospérité et de la naissance. ".

Le roi Harmuz reçut un jour une lettre de son ministre dans laquelle il disait : « Beaucoup de marchands étant en ville avec une grande quantité de bijoux, perles, jacinthes, rubis, diamants et autres pierres précieuses, j'ai acheté tout ce qu'ils avaient pour Votre Majesté, payant 200 000 tahil. Immédiatement après, des marchands d'un autre pays sont arrivés qui voulaient les acheter et m'ont proposé un bénéfice de 200 000 tahil. Si le roi y consent, je vendrai les bijoux et en achèterai plus tard d'autres.

Le roi Harmuz a écrit à son ministre la réponse suivante : « Que représentent 200 000 tahil ? Que représentent 400 000 tahil, bénéfice compris ? Est-ce que cela vaut la peine d'en parler et de faire autant de bruit ? Si vous vous lancez dans les opérations commerciales, qui s'occupera du gouvernement ? " Si vous achetez et vendez, que deviendront les marchands ? Il est évident que vous détruiriez ainsi notre bonne renommée, et que vous êtes l'ennemi des marchands de notre royaume, car vos desseins les ruineraient. Vos sentiments sont indignes. un ministre. » Et pour cela, il l'a démis de ses fonctions.

Dans le Kitab Sifat-el-Houkama il est dit : « Il existe une grande diversité d'inclinations parmi les hommes. Chacun a sa propre propension. L'un est porté naturellement vers la richesse, un autre vers la patience et la résignation, un autre vers l'étude et les bonnes œuvres. Et dans ce monde les humeurs des hommes sont si variées, qu'elles diffèrent toutes par leur nature : parmi cette variété infinie de dispositions d'âme, celle qui convient le mieux aux rois et aux ministres est la grandeur de caractère, car cette qualité est l'ornement de la royauté.

"Un jour, le ministre du sultan Haroun-er-Raschid revenait du conseil d'État à sa maison lorsqu'il fut approché par un mendiant qui lui dit : 'Ô Yahya ! la misère m'amène à toi. Je prie pour que tu me donnes quelque chose. '

"Quand Yahya fut arrivé chez lui, il fit asseoir le mendiant à la porte et, appelant un serviteur, lui dit : " Chaque jour, donne à cet homme 1 000 dinars, et pour sa nourriture, donne-lui sa part des provisions consommées dans ta maison. .'

"On raconte que pendant un mois le mendiant venait chaque jour s'asseoir à la porte de Yahya et recevait la somme de 1.000 dinars. Lorsqu'il les eut reçus à la fin du mois, 30.000 dinars, le mendiant s'en alla. Informé de son départ, Yahya dit : 'Par le Seigneur ! s'il n'était pas parti et n'était pas venu à ma porte pour le reste de sa vie, j'aurais dû lui donner la même ration quotidienne.'"

Dans le Kitab Tarykh, on raconte ce qui suit : « Il était une fois un roi perse nommé Khrosrou, remarquable parmi tous les rois de Perse par sa puissance, sa grandeur de caractère, sa bonté et la pureté de ses mœurs. , nommée Chirine, était d'une rare beauté, et personne à cette époque ne pouvait lui être comparé, car elle en possédait toutes les vertus. Khrosrou aimait passionnément Chirine, et parmi les livres, célèbres dans le monde, qui parlent de couples amoureux, il y en a un qui s'appelle « Khrosrou et Chirine ». Un jour, Khrosrou était assis au palais avec sa femme Chirine, lorsqu'un pêcheur apporta en cadeau à Khrosrou un beau poisson qui leur ordonna de lui faire un cadeau de 4 000 dirhems.

"'Vous avez tort', dit Chirine.

"'Et pourquoi?' demanda le roi.

"'Si, à l'avenir, vous faisiez à l'un de vos serviteurs un présent de 4.000 dirhems, il ne manquera pas de dire aussitôt : "Je suis considéré comme l'égal d'un pêcheur." Si votre présent est inférieur à 4.000 dirhems, alors nécessairement il dira : "Je suis considéré comme un moindre qu'un pêcheur", et vos actions attristeront son cœur.'"

" Khrosrou dit : 'Votre observation est juste. Mais j'ai parlé et je ne peux pas revenir sur ce que j'ai dit, car il est honteux pour un roi de ne pas tenir parole.'

" Chirine a répondu : " Peu importe, je connais un moyen, et personne ne peut dire que vous n'avez pas tenu votre promesse. "

"'Qu'est-ce que c'est que ce chemin ?' demanda Khrosrou.

" Chirine répondit : 'Posez cette question au pêcheur : 'Est-ce un poisson d'eau douce ou d'eau salée ?'

"'S'il répond : "C'est un poisson d'eau douce", dites : "Je veux un poisson d'eau salée", et vice versa. Alors il s'en ira et vous serez libéré de votre insensée promesse.'"

" Khrosrou, qui par amour pour Chirine ne pouvait s'empêcher d'entendre ses conseils et de les suivre, posa la question au pêcheur. Mais celui-ci, soupçonnant un piège, dit : " C'est les deux. " Le roi Khrosrou se mit à rire et lui donna 4 000 dirhems en plus.

"Le pêcheur, ayant reçu ses 8.000 dirhems, les mit dans un sac et s'en alla. Pendant le trajet, un dirhem tomba à terre, et le pêcheur, baissant son sac, se mit à chercher le dirhem qui était tombé. Lorsqu'il le trouva, il le plaça avec les autres et reprit sa marche.

" Khrosrou et Chirine avaient tous deux été témoins de son action. Chirine dit à Khrosrou : 'Voyez la bassesse et le manque de jugement du pêcheur. Il s'est lassé de chasser un dirhem alors qu'il en avait un sac plein. Rappelez-vous de lui et faites-lui honte.

" Khrosrou, qui par son amour pour Chirine était incapable de résister à ses paroles et y obéissait toujours, rappela le pêcheur et lui dit : " En vérité, tu as une âme basse et tu n'as ni jugement ni dignité. Quoi ! " De vos 8 000 dirhems a été perdu et vous avez reporté votre voyage jusqu'à ce que vous l'ayez retrouvé ? Cela montre la bassesse de votre âme et votre manque de jugement. "

" Le pêcheur rendit hommage et répondit : " Que la prospérité du roi du monde augmente ! Je n'ai pas recherché le dirhem en raison de sa valeur monétaire, mais seulement en raison de la grandeur et de l'importance des mots gravés sur la pièce. sur l'une de ses faces est écrit le nom de Dieu Très-Haut. Sur l'autre face est écrit le nom du Roi. Si je n'avais pas trouvé le dirhem et l'avais laissé par terre, les passants l'auraient marché dessus, et les deux noms inscrits dessus, et qui devraient être glorifiés par tous les hommes, auraient été méprisés et déshonorés, et j'aurais été le complice de tous les passants qui marchaient dessus. C'est pourquoi j'ai pris la peine de trouvez le dirhem.

"Khrosrou a été satisfait de cette réponse et lui a donné encore 4.000 dirhems. Le pêcheur, rempli de joie, a pris ses 12.000 dirhems et est rentré chez lui."

Un homme avait commis un grave délit contre le roi Haroun-er-Raschid. Condamné à mort, il réussit à s'évader. Mais il avait un frère. Le Roi convoqua ce dernier et lui dit : "Trouve ton frère afin que je le tue. Si tu ne le trouves pas , je te tuerai à sa place." Cet homme ne trouvant pas son frère, le roi Haroun-er-Raschid ordonna à l'un de ses serviteurs de l'amener pour le tuer. Mais ce serviteur dit : « Ô prince des croyants ! si celui qui a reçu l'ordre de mettre cet homme à mort l'amène à cet effet et qu'en même temps un messager vient de Votre Majesté avec l'ordre de ne pas le tuer, doit-il pour ne pas le libérer ? »

Le roi Haroun-er-Raschid répondit : « Il devrait certainement le relâcher, à cause de mes ordres. »

"Ô prince des croyants", répondit le serviteur, "le Coran dit: 'Celui qui a un fardeau ne portera pas celui d'autrui.'"

Alors le roi dit : « Libérez cet homme, car cela doit couvrir son cas et signifie que l'innocent ne doit pas périr pour le coupable. »

On raconte que, un expert comparaissant un jour devant le sultan Ismail Samani, roi du pays du Khorassan, le sultan le reçut avec une grande distinction, et à son départ le salua très respectueusement et l'escorta jusqu'à la porte en faisant sept pas derrière lui. .

La nuit suivante, il rêva que le glorieux prophète (avec qui soit la paix !) lui parlait ainsi : « Ô Ismail, parce que tu as honoré l'un de mes experts, je prierai Dieu qu'après toi sept de tes enfants et petits-enfants deviennent grands et des rois glorieux. » On raconte que pendant de nombreuses années le royaume du Khorassan prospéra sous le gouvernement paternel des successeurs de ce sultan.

Le sultan Abdallah Tlahir, dès qu'il eut pris possession du trône du Khorassan, reçut les hommages d'un grand nombre de ses sujets. Au bout de quelques jours, il demanda : « Y a-t-il quelqu'un de distingué dans le pays qui ne soit pas venu se présenter devant moi ? Ils lui dirent : "Il y a deux personnes qui ne sont pas venues, l'un nommé Ahmed Arab et l'autre nommé Mahomet Islam. Mais ces deux hommes ne se présentent jamais devant les rois et les ministres."

Le sultan répondit : « Puisqu'ils ne viendront pas trouver des rois et des ministres, je dois aller vers eux. » Ainsi, un jour, le sultan se rendit chez

Ahmed Arab. Celui-ci, aussitôt survenu, resta longtemps debout face au sultan. Puis, le regardant fixement, il lui dit : « Ô Sultan, j'avais entendu parler de ta beauté, et je vois maintenant qu'ils disaient vrai. Ne fais pas de ce corps les braises de l'enfer. En disant cela, il retourna à ses prières. Le sultan Abdallah Tlahir s'éloigna de la maison du cheik en pleurant.

Il se rendit ensuite chez Mahomet Islam. A la nouvelle que le sultan venait le voir, le cheik ferma la porte de sa maison en disant : « Je ne dois pas le voir. Je ne dois pas lui parler.

Le sultan partit en larmes et dit : "Vendredi, quand le cheik ira à la mosquée , j'irai vers lui."

Le vendredi venu, il était à cheval, entouré de soldats, attendant l'arrivée du cheikh. Dès qu'il l'aperçut, il descendit de cheval, s'approcha de lui à pied et le salua. Le cheik demanda : « Qui es-tu ? Que me veux-tu ?

Le sultan répondit : "C'est moi, Abdallah Tlahir. Je suis venu voir le cheikh."

Celui-ci, détournant le visage, dit au sultan : « Quel lien y a-t-il entre vous et moi ?

Le sultan tomba aux pieds du cheikh, en larmes, au milieu de la grande route, et, invoquant Dieu le plus haut , parla ainsi : « Ô Seigneur, pardonne mes fautes, à cause des nombreuses vertus de ce fidèle cheikh. ". Et il fut pardonné et devint un homme bon.

L'imam El-Chafei (que la miséricorde soit avec lui !), allant de la ville de Jérusalem au pays d'Egypte, s'arrêta dans une ville appelée Ramla. Un des habitants de cette ville le reçut chez lui et le reçut avec de nombreuses attentions. Les compagnons de l'imam El-Chafei percevaient qu'il éprouvait une certaine inquiétude, mais aucun d'eux n'en connaissait la raison. Plus le maître de maison débordait d'attentions et de civilités, plus l'imam semblait perturbé. Finalement au moment où l'imam montait à cheval pour continuer son voyage, le maître de maison arriva et lui mit un écrit entre les mains. A cette lecture, l'imam perdit son air inquiet, et, donnant l'ordre de payer à l'homme trente dinars, il poursuivit son chemin en se réjouissant. Un de ses compagnons lui demanda :

"Pourquoi avez-vous été si perturbé ? Que disait l'écrit ? Et pourquoi avez-vous montré tant de joie en le lisant ?"

L'imam El-Chafei répondit : "Lorsque notre hôte nous a emmenés chez lui, j'ai remarqué que son visage manquait des signes caractéristiques de l'honnêteté. Mais comme il nous traitait si bien , j'ai commencé à penser que j'avais peut-être tort de le juger. Mais quand je En lisant l' écrit qu'il m'a remis, j'ai vu qu'il était le suivant : "Pendant que l'imam était ici, j'ai dépensé pour lui dix dinars. Il devrait donc m'en rendre vingt." Alors j'ai su que je n'avais commis aucune erreur en interprétant son personnage et j'étais satisfait de mon talent. »

L'histoire raconte qu'un jour, alors que le prophète Salomon était assis sur son trône royal, entouré d'hommes, d'esprits et d'oiseaux, deux femmes se présentèrent devant lui, chacune réclamant la possession d'un enfant. Ces deux femmes n'arrêtaient pas de répéter : « C'est mon enfant », mais aucune d'elles ne pouvait en apporter la preuve. Tous leurs arguments n'aboutissant à rien, le prophète Salomon ordonna que l'enfant soit coupé en deux, et que chaque femme en prenne la moitié. Lorsque le bourreau s'avança, tirant son épée, une des femmes éclata en sanglots s'écria avec angoisse : « Ô Prophète Salomon, ne tue pas l'enfant. Donne-le à cette femme, c'est tout ce que je demande !

Comme le meurtre de l'enfant n'a jamais provoqué une larme ni un mouvement d'inquiétude chez l'autre femme, Salomon leur ordonna de le donner à la femme qui avait pleuré, car ses larmes prouvaient qu'elle était la vraie mère, et que l'enfant appartenait à elle, et non à l'autre femme. Ainsi le roi Salomon montra-t-il sa sagesse dans le jugement du caractère.

Ô toi qui es magnifique ! écoutez, je vous prie, et entendez à quel degré de sublimité la générosité s'élève. Dans le Kitab Adab-is-Selathin, il est dit que deux qualités furent données par Dieu dans toute leur perfection à deux hommes : la justice au sultan Nouchirvau, roi de Perse, et la générosité envers un sujet d'un sultan arabe nommé Hatim-Thai. L'auteur de cet ouvrage dit qu'au temps de Hatim-Thai il y avait trois rois célébrés dans le monde entier et rivaux par la perfection de la générosité : le roi de Roum, le roi de Syrie et le roi du Yémen. Mais comme aucun d'entre eux n'était aussi célèbre que Hatim-Thai, ils devinrent jaloux de lui et s'unirent dans une hostilité à son égard. Ils dirent : « Nous sommes les rois de vastes pays, et allons-nous permettre qu'un simple sujet d'un sultan arabe soit considéré comme plus généreux que nous ? Et chacun de ces rois pensa essayer Hatim-Thai et le détruire.

Le premier des trois qui tentèrent l'entreprise fut le roi de Roum. Ce roi dit à l'un de ses ministres : « Ô ministre, j'entends dire qu'il y a parmi les Arabes un homme nommé Hatim-Thai, et qu'il est réputé l'homme le plus généreux du monde. Je suis mécontent que mon nom ne soit pas mentionné. aussi remarquable pour sa générosité. Je veux faire une preuve et voir si sa renommée est vraie ou fausse. J'ai entendu dire que Hatim-Thai possède un cheval qu'il aime comme il aime sa propre âme. Eh bien, nous allons lui demander de donne-nous ce cheval bien-aimé.

Le ministre envoya un envoyé, avec des cadeaux convenables et une lettre à remettre à Hatim-Thai. Il arriva dans une grande tempête de vent et de pluie qui ne permit à personne de s'occuper de ses affaires à l'étranger. Il faisait déjà nuit et Hatim-Thai n'avait fait aucun préparatif pour recevoir un hôte, mais il reçut l'étranger avec les marques du plus grand respect et de la plus grande cordialité.

« Quel besoin vous amène ici ce soir ? » Il a demandé.

« Rien que pour vous rendre visite », répondit l'envoyé, et il ne parla pas ce soir-là de sa mission du roi de Roum.

Comme il n'y avait rien à manger dans la maison, Hatim-Thai tua son cheval préféré et le servit pour le dîner de son invité. Dès le jour, l'envoyé présenta les cadeaux et la lettre du roi de Roum. Lorsqu'il lut le passage de la lettre où le roi demandait le cheval qui venait d'être tué, Hatim-Thai pâlit et ne put dire un mot. L'envoyé, l'observant dans cet état, crut qu'il regrettait le don de son cheval, et dit :

"Ô Hatim-Thai, si ce n'est pas avec plaisir que tu donnes ton cheval à mon maître, n'y pense plus et laisse-moi retourner dans mon pays."

Hatim-Thai répondit : « Ô envoyé du roi de Roum ! si j'avais mille chevaux comme celui-là, je les donnerais tous sans un instant d'hésitation. Mais hier soir je vous ai demandé le motif qui vous a amené ici, et vous l'avez dit. " C'était simplement pour me rendre visite. J'ai donc tué le cheval pour votre nourriture, et c'est pourquoi je suis affligé de chagrin à cause de mon manque de prévoyance. " Il renvoya l'envoyé chez lui avec de nombreux autres chevaux en cadeau.

L'envoyé raconta toute l'histoire et le roi de Roum dit : « La renommée de Hatim-Thai est méritée ; c'est le plus généreux des hommes. Il noua une alliance d'amitié avec lui et la renommée du Hatim-Thai grandit rapidement.

Le deuxième qui testa la générosité de Hatim-Thai fut le roi de Syrie. Il dit : « Comment Hatim-Thai, qui vit dans les bois et les plaines, occupé à faire paître des chèvres, des chameaux et des chevaux, peut-il être plus généreux qu'un si grand roi comme moi ? Je le mettrai à l'épreuve. Je le ferai. demandez de riches présents qu'il ne peut pas donner, et il sera honteux et humilié devant les rois et les peuples.

donc un envoyé à Hatim-Thai pour demander 100 chameaux rouges à longue crinière, aux yeux noirs et très grands. Les chameaux de cette espèce sont difficiles à trouver, seuls les rois en ont quatre ou cinq. Lorsque l'envoyé fut arrivé , il raconta à Hatim-Thai ce que le roi de Syrie lui demandait. Hatim-Thai fut rempli de joie en entendant les paroles de l'envoyé et s'empressa de le régaler abondamment de nourriture et de boisson. Puis il chercha parmi ses chameaux, mais n'en trouva aucun tel que le roi de Syrie le désirait. Il ordonna de faire des recherches parmi les peuples de sa nation, Arabes et Bédouins, en offrant un prix élevé. Par la volonté de Dieu , un Bédouin réussit à en trouver 100, et Hatim-Thai ne demanda qu'un délai de paiement d'un mois. L'envoyé rentra chez lui avec les chameaux rouges et de nombreux autres cadeaux. En les voyant, le roi de Syrie fut frappé d'étonnement et s'écria : « Voici, nous voulions seulement tester Hatim-Thai, et maintenant il s'est endetté pour satisfaire notre désir. Oui, vraiment, c'est l'homme le plus généreux du monde. ".

Il leur ordonna de renvoyer à Hatim-Thai les 100 chameaux rouges chargés de magnifiques cadeaux. Dès leur arrivée, Hatim-Thai convoqua le propriétaire et lui remit les chameaux avec tout leur fardeau de richesses, sans rien garder pour lui. Lorsque l'envoyé, rentrant chez lui, raconta toutes ces choses, le roi de Syrie s'étonna et s'écria : « Personne ne peut égaler Hatim-Thai. Il est la générosité même, dans toute sa perfection.

Le troisième roi, c'est-à-dire le roi du Yémen, était très généreux et ne voulait que personne ne puisse rivaliser avec lui sur ce point. Ainsi , lorsqu'il entendit parler de la renommée de Hatim-Thai pour sa générosité, il fut vexé et plein de chagrin. Il dit : « Comment ce pauvre Hatim peut-il égaler en générosité un grand roi comme moi ? Je fais l'aumône aux pauvres, je les nourris et chaque jour je leur donne des vêtements. Comment est-il possible que quelqu'un puisse oser prononcer le nom de Hatim-Thai en ma présence comme le plus généreux des hommes ? »

Or, à cette époque, un ambassadeur du Roi du Maghreb arrivait à la Cour du Roi du Yémen, qui parlait de la merveilleuse générosité d'Hatim-Thai. Il avait le cœur comme brûlant, mais il ne laissait pas apparaître sa douleur et se disait :

"Tout le monde répète les louanges de Hatim, l'un après l'autre, sans savoir exactement qui il est, de quelle naissance et quels sont les moyens qui lui permettent de donner ainsi l'hospitalité. Je le ferai périr."

Le roi du Yémen convoqua un Bédouin, un bandit célèbre pour sa férocité, sans pitié pour la vie d'un homme. Le Bédouin arriva et le roi lui donna de l'or, de l'argent et des vêtements. « Ô Bédouin, lui dit-il, si tu veux nous accomplir une affaire, nous te donnerons tout ce que tu demanderas.

Le Bédouin répondit : « Ô mon seigneur, roi du monde, quelle est la volonté de Votre Majesté ?

Le roi du Yémen répondit : « Il y a un homme nommé Hatim-Thai, de la tribu des Thai, aux confins de la Syrie. Allez dans ce pays et employez toutes les ruses que vous pourrez pour le tuer. Quand vous l'aurez tué, apportez-le. moi sa tête. Si vous réussissez à faire ce que je veux, tout ce que vous demanderez, cela vous sera donné.

Ces paroles du roi remplirent de joie le cœur du Bédouin. Il se dit : "Voici un bon ouvrage. Pour un vieux manteau en lambeaux , je tuerai un homme. Pourquoi alors hésiterais-je un instant pour un superbe manteau écarlate ?"

Prenant congé du roi, les Bédouins partirent aussitôt et se dirigèrent vers la Syrie à la recherche de Hatim-Thai. Peu après, il arriva dans un village proche de la Syrie et y rencontra un jeune homme d'une rare beauté. Son visage portait les marques de la vertu, son langage était plein de douceur et d'affabilité, son âme était droite et son cœur compatissant. Il a demandé au Bédouin où il allait. Ce dernier répondit : « Je viens du Yémen et je pars en Syrie ».

Le jeune homme répondit : " Ô mon frère ! J'aimerais que tu me fasses la faveur de me reposer un jour et une nuit dans ma maison, et je ferai de mon mieux pour te divertir. Après cela tu partiras en voyage quand tu souhait."

Le Bédouin entendit ces paroles avec plaisir et entra dans la maison du jeune homme. Là, il fut magnifiquement traité et régalé si somptueusement qu'il pensait n'avoir jamais vu et mangé autant. Il a dormi paisiblement toute la nuit. A l'aube, il fit ses adieux, impatient d'atteindre le terme de son voyage. Le jeune homme lui dit : " Ô mon frère, si c'est possible, reste encore deux ou trois jours, je t'en supplie, afin que par mon hospitalité je te témoigne toute l'affection sincère que mon cœur éprouve pour toi. "

Le Bédouin répondit : « Ô mon frère, vraiment je resterais ici encore quelque temps, si je n'avais pas une mission des plus importantes et des plus délicates à remplir. Il m'est impossible de rester et de m'amuser ici, tant que je n'ai pas encore accompli ma mission. ".

Le jeune homme répondit : « Ô mon frère, quelle est cette affaire difficile et délicate qui t'empêche de rester ici ? Si tu me le dis, je trouverai sans doute un moyen de venir à ton secours et d'alléger le fardeau qui pèse si lourd. sur ton cœur. Mais maintenant, que puis-je faire puisque tu ne me dis rien ?

En entendant ces mots, le Bédouin garda le silence. Il se dit : « Cette affaire n'est pas facile à exécuter. Il me serait peut-être utile d'avoir un compagnon prudent et discret pour en conférer avec lui. Peut-être ferais-je bien d'en parler à ce jeune homme et de lui demander son conseil."

Et pourtant il n'osait pas encore se confier à son secret, et sa perplexité était inscrite sur son visage. Il ne pouvait prononcer un seul mot et restait très anxieux.

Le jeune homme observant l'état du Bédouin lui dit : « Ô serviteur de Dieu, ton embarras est évident ; tu crains de m'ouvrir ton cœur. Dieu seul, en vérité, connaît les secrets de ses serviteurs. Mais, dans ton Dans la situation actuelle, il se peut que je puisse vous être utile.

Le Bédouin, entendant ces paroles du jeune homme, lui dit : « Ô mon fidèle ami, sache donc que je suis un Arabe-Bédouin du pays du Yémen ; que de tous les Bédouins d'Arabie il n'y en a pas un aussi méchant ni aussi grand voleur que moi, et que ma renommée de bandit est célèbre dans tout le Yémen. Le roi, ayant résolu une mauvaise action, ordonna à son ministre de trouver un homme capable de l'accomplir. Comme j'avais la réputation d'être le plus grand bandit du pays du Yémen, j'ai été convoqué en présence du Roi. Dès que Sa Majesté m'a vu, il m'a chargé de cadeaux et m'a dit : " Si vous faites ce que je veux, je vous donnerai encore beaucoup d'autres cadeaux d'or et de l'argent et d'autres choses magnifiques. J'ai répondu : « Ô mon seigneur, roi du monde, quelle est cette affaire ? « Vous devez aller tuer un homme nommé Hatim-Thai, qui vit aux confins de la Syrie. A cela je répondis : " Ô mon seigneur, roi du monde, je ne suis qu'un Bédouin, un pauvre voleur, errant dans les forêts et les plaines. Pour boire je n'ai que l'eau saumâtre des marais. Pour me nourrir je n'ai que des rats et des criquets. A cause de ma misère, j'ai obéi aux vœux du Roi et j'ai promis d'exécuter cette affaire. Mais me voici dans une situation bien embarrassante, car je ne connais pas ce Hatim-Thai, et je ne sais même pas où sa tribu est les Ben-Thai.

Le jeune homme, entendant ces paroles, se mit à rire et dit : "Ô mon frère, ne sois pas dérangé. Je connais ce Hatim-Thai, et je te le montrerai." Ces paroles réjouirent les Bédouins. Le jeune homme continua : " Ô mon frère, sache que la tribu des Ben-Thai habite ce village, et que l'homme nommé Hatim-Thai est lui-même dans cette tribu. Si tu suis exactement ce que je t'indique, tu seras certainement accomplissez votre mission.

Le Bédouin répondit : "Ô mon frère, je remets ma vie entre tes mains. Que faut-il faire ?"

Le jeune homme répondit : « Ô mon frère, il y a un endroit où Hatim-Thai va se récréer. C'est un endroit extrêmement désert, que personne ne visite jamais. Quand il arrive, il mange, boit, puis il dort , son la tête couverte d'un drap, et son cheval attaché à proximité. Vous arriverez à ce moment-là, vous exécuterez promptement le souhait du Roi, vous sauterez sur le cheval et vous éloignerez de cet endroit et irez où vous voudrez.

Le jeune homme alla alors montrer l'endroit au Bédouin, et lui donnant un poignard à deux bords bien aiguisés, il dit : « Ô mon frère, demain Hatim-Thai viendra à cet endroit. N'oublie rien de ce que tu dois faire. faire."

Toutes les instructions du jeune homme étaient suivies par les Bédouins. Tôt le matin, Hatim-Thai se rendit à l'endroit désigné. Il mangeait, il buvait, et quand il avait fini son repas, il attachait son cheval à proximité. Puis, se couvrant la tête d'un linge, il s'endormit profondément. A ce moment précis, le méchant Bédouin arriva. Par la volonté de Dieu, au moment où il s'apprêtait à assassiner le jeune homme, une pensée lui vint au cœur. "Hatim-

Thai est célébré dans le monde entier pour sa générosité et sa bienveillance. Avant de le tuer, de son vivant, je veux voir son visage." Et il souleva le tissu qui lui couvrait la tête. A la vue de la figure du jeune homme endormi, il tomba à ses pieds et les couvrit de baisers en disant : " Ô mon ami ! Qu'as-tu fait ? Tu ne devrais pas agir ainsi ! "

En entendant ces paroles du Bédouin, le jeune homme dit : " Que puis-je faire ? Car celui qu'on appelle Hatim-Thai, c'est moi. La tête que veut le roi du Yémen est la mienne. Quels autres moyens pourrais-je employer ? " Il conduisit le Bédouin chez lui, le régala de nouveau et lui donna tout ce dont il avait besoin.

Puis le Bédouin prit congé et retourna dans son pays. Dès son arrivée au Yémen, il se présenta devant le roi et lui raconta toutes les circonstances relatives à Hatim-Thai.

Après avoir entendu l'histoire, le roi versa des larmes et dit : « En vérité, Hatim-Thai est libéral, bienveillant et noble, courageux et généreux. » Par la suite, le roi du Yémen noua une amitié avec Hatim-Thai qui dura aussi longtemps que son vie.

Lorsque le sultan Yakoub envahit le Khorassan et assiégea la capitale, le sultan Mahomet, enfermé dans la ville, fit une si forte résistance que pendant longtemps il fut impossible de s'emparer de la place. Mais ses ministres le trahissent en envoyant au sultan Yakoub des lettres qui lui montrent comment il peut être pris. Un seul de ces ministres, nommé Ibrahim Hadjib, s'abstint d'envoyer des lettres traîtres et resta fidèle à son maître. Après un certain temps, la ville fut prise et le sultan Yakoub monta sur le trône. Alors toutes les personnalités les plus importantes du pays sont venues lui rendre hommage. Les ministres qui avaient trahi l'ancien sultan brillaient par leurs démonstrations de joie. Le sultan Yakoub reçut agréablement ceux qui venaient et leur fit des cadeaux convenables.

Après cela, il demanda : « Qui n'est pas venu se présenter devant moi en ce jour de réjouissance ?

Les ministres ont aussitôt répondu : "Ibrahim Hadjib est le seul à ne pas être venu présenter ses félicitations".

Alors le sultan demanda : « Pourquoi ne l'a-t-il pas fait ? Est-il malade ?

"Non", répondirent-ils, "il n'est pas malade".

Le sultan convoqua Ibrahim Hadjib, et ce dernier entra en présence royale. Le sultan, remarquant sur son visage des marques évidentes d'inquiétude et de tristesse, lui parla ainsi : « Ibrahim Hadjib, êtes-vous le ministre en qui le sultan Mahomet avait sa confiance ? Il a répondu par l'affirmative.

"Pour quelle raison, Ibrahim Hadjib, avez-vous gardé le silence et ne m'avez-vous envoyé aucun conseil alors que les ministres du sultan Mahomet, aujourd'hui ici, envoyaient de nombreuses lettres pour me montrer comment prendre la ville ? Pourquoi vous êtes-vous abstenu de paraître devant moi ? à la cour aujourd'hui, en même temps que les ministres et les grands ? Pourquoi, maintenant que vous êtes ici, êtes-vous le seul à avoir un aspect triste et triste et un visage long, tandis que tous les autres montrent leur joie ? à toutes ces questions, vous devez répondre honnêtement. Et si vous ne dites pas la vérité, vous serez mis à mort.

" Si le Sultan souhaite entendre le langage de la vérité et n'en sera pas contrarié, je répondrai à chacune de ses questions. À la première question, pourquoi je n'ai envoyé aucune lettre trahissant mon roi, je dirai : Sachez, Sultan, que le sultan Mahomet était le roi de ce pays, qu'il me faisait de nombreux cadeaux et qu'il avait toute confiance en moi, pensant que dans le moment du danger je serais son compagnon et son conseiller. Comment pourrais-je donc le trahir ? Je ne vous connaissais pas et je n'avais reçu aucun bénéfice de votre part. Aurait-il été juste pour moi de vous envoyer des lettres et de provoquer la chute de celui qui avait été si généreux envers moi ?

"Vos paroles sont justes et vraies", dit le sultan Yakoub.

Ibrahim Hadjib poursuit : "Quant à la question de savoir pourquoi je me suis abstenu de me présenter à la cour aujourd'hui, et pourquoi j'avais un visage si triste, je réponds : Sachez que je n'ai pas pu me présenter devant le Sultan, car il était l'ennemi de mon maître et bienfaiteur, et provoqué la ruine de mon seigneur. C'est pourquoi j'avais un visage triste en votre présence. D'ailleurs, les enfants et petits-enfants de mon seigneur sont plongés dans le chagrin et l'anxiété, et comment pourrais-je être heureux dans votre présence, comme ces hypocrites, qui sont bien différents ailleurs ? J'ai dit la vérité.

Lorsque le Sultan Yakoub eut entendu ces paroles d'Ibrahim Hadjib, il s'écria : « Dieu soit loué ! Jusqu'à présent j'ai entendu parler de ministres, j'en ai vu de toutes sortes, mais jamais je n'ai vu ni entendu parler d'un ministre comme celui-ci. . Maintenant, c'est seulement pour la première fois que j'ai vu un vrai ministre et écouté les paroles de vérité. Le sultan Yakoub combla Ibrahim Hadjib de faveurs, le nomma premier ministre et lui donna le nom de père. Quant aux autres ministres, il les fit périr, avec toute leur famille. Puis il publia cette proclamation :

"Voyez le sort de ceux qui ne sont pas fidèles à leurs promesses et commettent une trahison envers leur roi, car ils ne peuvent pas être considérés comme des hommes."